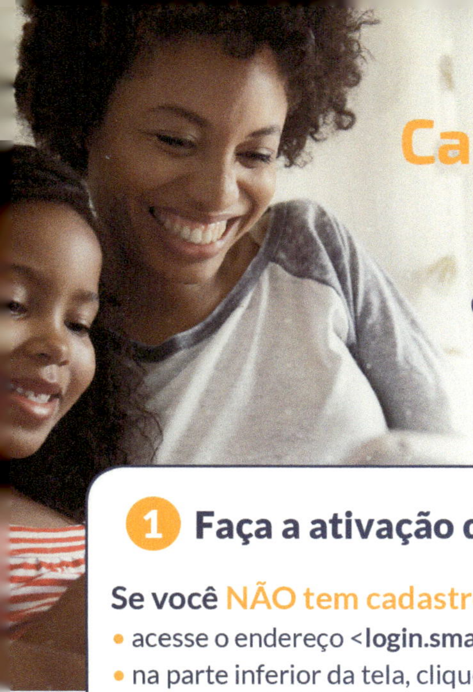

# Caro aluno, seja bem-vindo à sua plataforma do conhecimento!

A partir de agora, está à sua disposição uma plataforma que reúne, em um só lugar, recursos educacionais digitais que complementam os livros impressos e foram desenvolvidos especialmente para auxiliar você em seus estudos. Veja como é fácil e rápido acessar os recursos deste projeto.

### 1 Faça a ativação dos códigos dos seus livros.

**Se você NÃO tem cadastro na plataforma:**
- acesse o endereço <login.smaprendizagem.com>;
- na parte inferior da tela, clique em "Registre-se" e depois no botão "Alunos";
- escolha o país;
- preencha o formulário com os dados do tutor, do aluno e de acesso.

O seu tutor receberá um *e-mail* para validação da conta. Atenção: sem essa validação, não é possível acessar a plataforma.

**Se você JÁ tem cadastro na plataforma:**
- em seu computador, acesse a plataforma pelo endereço <login.smaprendizagem.com>;
- em seguida, você visualizará os livros que já estão ativados em seu perfil. Clique no botão "Códigos ou licenças", insira o código abaixo e clique no botão "Validar".

**Este é o seu código de ativação!** → DCUKP-281BR-AB27P

### 2 Acesse os recursos

usando um computador.

No seu navegador de internet, digite o endereço <login.smaprendizagem.com> e acesse sua conta. Você visualizará todos os livros que tem cadastrados. Para escolher um livro, basta clicar na sua capa.

usando um dispositivo móvel.

Instale o aplicativo **SM Aprendizagem**, que está disponível gratuitamente na loja de aplicativos do dispositivo. Utilize o mesmo *login* e a mesma senha que você cadastrou na plataforma.

**Importante!** Não se esqueça de sempre cadastrar seus livros da SM em seu perfil. Assim, você garante a visualização dos seus conteúdos, seja no computador, seja no dispositivo móvel. Em caso de dúvida, entre em contato com nosso canal de atendimento pelo **telefone 0800 72 54876** ou pelo *e-mail* atendimento@grupo-sm.com.

# APRENDER JUNTOS

**2** 2º ANO

GEOGRAFIA E HISTÓRIA

ENSINO FUNDAMENTAL

LEDA LEONARDO DA SILVA
MÔNICA LUNGOV
RAQUEL DOS SANTOS FUNARI

**Organizadora:** SM Educação
Obra coletiva concebida, desenvolvida e produzida por SM Educação.

São Paulo, 1ª edição, 2021

***Aprender Juntos* Geografia e História 2º ano**
© SM Educação
Todos os direitos reservados

| | |
|---|---|
| **Direção editorial** | Cláudia Carvalho Neves |
| **Gerência editorial** | Lia Monguilhott Bezerra |
| **Gerência de *design* e produção** | André Monteiro |
| **Edição executiva** | Valéria Vaz |
| | **Edição:** Gabriel Careta, Jéssica Vieira de Faria, Kenya Jeniffer Marcon, Mírian Cristina de Moura Garrido |
| | **Suporte editorial:** Fernanda de Araújo Fortunato |
| **Coordenação de preparação e revisão** | Cláudia Rodrigues do Espírito Santo |
| | **Preparação:** Rosinei Aparecida Rodrigues Araujo, Vera Lúcia Rocha |
| | **Revisão:** Rosinei Aparecida Rodrigues Araujo, Vera Lúcia Rocha |
| | **Apoio de equipe:** Beatriz Nascimento, Camila Durães Torres |
| **Coordenação de *design*** | Gilciane Munhoz |
| | ***Design*:** Thatiana Kalaes, Lissa Sakajiri |
| **Coordenação de arte** | Andressa Fiorio |
| | **Edição de arte:** João Negreiros |
| | **Assistência de arte:** Gabriela Rodrigues Vieira |
| | **Assistência de produção:** Leslie Morais |
| **Coordenação de iconografia** | Josiane Laurentino |
| | **Pesquisa iconográfica:** Mariana Sampaio |
| | **Tratamento de imagem:** Marcelo Casaro |
| **Capa** | APIS Design |
| | **Ilustração da capa:** Henrique Mantovani Petrus |
| **Projeto gráfico** | APIS Design |
| **Editoração eletrônica** | Essencial Design |
| **Cartografia** | João Miguel A. Moreira |
| **Pré-impressão** | Américo Jesus |
| **Fabricação** | Alexander Maeda |
| **Impressão** | BMF Gráfica e Editora |

*Em respeito ao meio ambiente, as folhas deste livro foram produzidas com fibras obtidas de árvores de florestas plantadas, com origem certificada.*

**Dados Internacionais de Catalogação na Publicação (CIP)**
**(Câmara Brasileira do Livro, SP, Brasil)**

Silva, Leda Leonardo da
  Aprender juntos geografia e história, 2º ano : ensino fundamental : anos iniciais / Leda Leonardo da Silva, Mônica Lungov, Raquel dos Santos Funari ; editora responsável Valéria Vaz ; organizadora SM Educação ; obra coletiva concebida, desenvolvida e produzida por SM Educação. – 1. ed. – São Paulo : Edições SM, 2021. – (Aprender juntos)

  "Área do conhecimento: Ciências humanas"
  ISBN 978-65-5744-386-6 (aluno)
  ISBN 978-65-5744-387-3 (professor)

  1. Geografia (Ensino fundamental) 2. História (Ensino fundamental) I. Lungov, Mônica. II. Funari, Raquel dos Santos. III. Vaz, Valéria. IV. Título. V. Série.

21-69406 CDD-372.89

Índices para catálogo sistemático:

1. História e geografia : Ensino fundamental 372.89

Cibele Maria Dias — Bibliotecária — CRB-8/9427

1ª edição, 2021
1ª impressão, julho 2024

SM Educação
Rua Cenno Sbrighi, 25 - Edifício West Tower n. 45 - 1º andar
Água Branca  05036-010  São Paulo  SP  Brasil
Tel. 11 2111-7400
atendimento@grupo-sm.com
www.grupo-sm.com/br

# APRESENTAÇÃO

QUERIDO ESTUDANTE, QUERIDA ESTUDANTE,

ESTE LIVRO FOI CUIDADOSAMENTE PENSADO PARA AJUDAR VOCÊ A CONSTRUIR UMA APRENDIZAGEM CHEIA DE SIGNIFICADOS, QUE LHE SEJA ÚTIL NÃO SOMENTE HOJE, MAS TAMBÉM NO FUTURO. NELE, VOCÊ VAI ENCONTRAR INCENTIVO PARA CRIAR, EXPRESSAR IDEIAS E PENSAMENTOS, REFLETIR SOBRE O QUE APRENDE E TROCAR EXPERIÊNCIAS E CONHECIMENTOS.

OS TEMAS, OS TEXTOS, AS IMAGENS E AS ATIVIDADES PROPOSTOS POSSIBILITAM O DESENVOLVIMENTO DE COMPETÊNCIAS E HABILIDADES FUNDAMENTAIS PARA VIVER EM SOCIEDADE. TAMBÉM AJUDAM VOCÊ A LIDAR COM SUAS EMOÇÕES, DEMONSTRAR EMPATIA, ALCANÇAR OBJETIVOS, MANTER RELAÇÕES SOCIAIS POSITIVAS E TOMAR DECISÕES DE MANEIRA RESPONSÁVEL. AQUI, VOCÊ VAI ENCONTRAR OPORTUNIDADES VALIOSAS PARA SE DESENVOLVER COMO CIDADÃO OU CIDADÃ.

ACREDITAMOS QUE É POR MEIO DE ATITUDES POSITIVAS E CONSTRUTIVAS QUE SE CONQUISTAM AUTONOMIA E CAPACIDADE PARA TOMAR DECISÕES ACERTADAS, RESOLVER PROBLEMAS E SUPERAR CONFLITOS.

ESPERAMOS QUE ESTE MATERIAL CONTRIBUA PARA SEU DESENVOLVIMENTO E PARA SUA FORMAÇÃO.

BONS ESTUDOS!

EQUIPE EDITORIAL

# CONHEÇA SEU LIVRO

CONHECER SEU LIVRO DIDÁTICO VAI AJUDAR VOCÊ A APROVEITAR MELHOR AS OPORTUNIDADES DE APRENDIZAGEM. ESTE VOLUME CONTÉM DOZE CAPÍTULOS. VEJA COMO CADA CAPÍTULO ESTÁ ORGANIZADO.

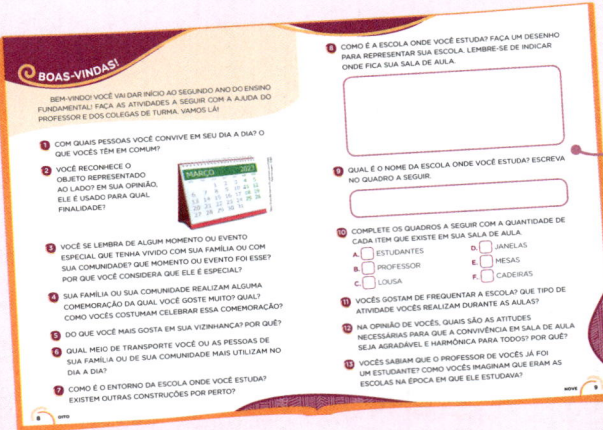

## ABERTURA DO LIVRO

### BOAS-VINDAS!

VAMOS VER O QUE VOCÊ JÁ CONHECE SOBRE OS TEMAS QUE VÃO SER ESTUDADOS NESTE LIVRO.

### ABERTURA DE CAPÍTULO

UMA DUPLA DE PÁGINAS MARCA O INÍCIO DE CADA CAPÍTULO. NELA, IMAGENS VARIADAS E ATIVIDADES VÃO LEVAR VOCÊ A PENSAR E A CONVERSAR SOBRE OS TEMAS QUE VÃO SER DESENVOLVIDOS AO LONGO DO CAPÍTULO.

## DESENVOLVIMENTO DO ASSUNTO

OS TEXTOS, AS IMAGENS E AS ATIVIDADES DESTAS PÁGINAS PERMITIRÃO QUE VOCÊ COMPREENDA O CONTEÚDO QUE ESTÁ SENDO APRESENTADO.

### REGISTROS

NESTA SEÇÃO, VOCÊ VAI IDENTIFICAR E ANALISAR DIFERENTES TIPOS DE REGISTROS HISTÓRICOS E REFLETIR SOBRE ELES.

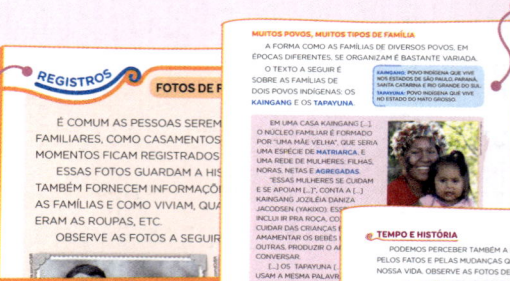

### GLOSSÁRIO

AO LONGO DO LIVRO, VOCÊ VAI ENCONTRAR BREVES EXPLICAÇÕES SOBRE ALGUMAS PALAVRAS E EXPRESSÕES QUE TALVEZ VOCÊ NÃO CONHEÇA.

### PARA EXPLORAR

SUGESTÕES DE *SITES*, FILMES, LIVROS E OUTRAS DICAS QUE VÃO AMPLIAR E APROFUNDAR OS CONTEÚDOS ESTUDADOS.

### REPRESENTAÇÕES

COM OS TEXTOS E AS ATIVIDADES DESTA SEÇÃO, VOCÊ VAI APRENDER A LER, A INTERPRETAR E A ELABORAR REPRESENTAÇÕES DO MUNDO À SUA VOLTA.

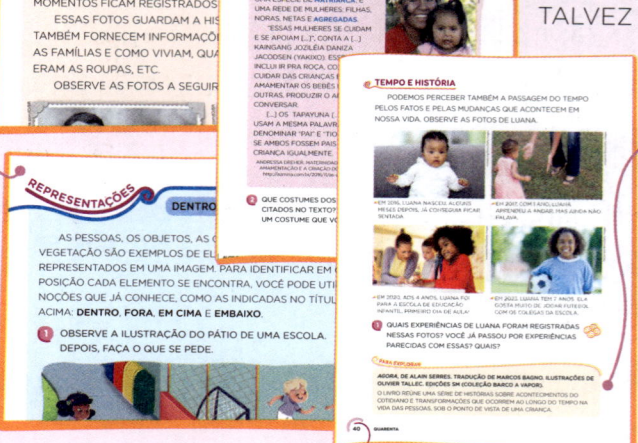

# FINALIZANDO O CAPÍTULO

NO FIM DOS CAPÍTULOS, HÁ SEÇÕES QUE BUSCAM AMPLIAR SEUS CONHECIMENTOS SOBRE A LEITURA DE IMAGENS E A DIVERSIDADE CULTURAL, ALÉM DE VERIFICAR OS CONTEÚDOS ABORDADOS NO CAPÍTULO.

NA SEÇÃO **PESSOAS E LUGARES** VOCÊ VAI CONHECER ALGUMAS CARACTERÍSTICAS CULTURAIS DE DIFERENTES COMUNIDADES.

A SEÇÃO **VAMOS LER IMAGENS!** PROPÕE A ANÁLISE DE UMA OU MAIS IMAGENS E TRAZ ATIVIDADES QUE VÃO AJUDAR VOCÊ A COMPREENDER DIFERENTES TIPOS DE IMAGEM.

AS ATIVIDADES DA SEÇÃO **APRENDER SEMPRE** SÃO UMA OPORTUNIDADE PARA VOCÊ VERIFICAR O QUE APRENDEU, ANALISAR OS ASSUNTOS ESTUDADOS EM CADA CAPÍTULO E REFLETIR SOBRE ELES.

## FINALIZANDO O LIVRO

### ATÉ BREVE!

ATIVIDADES NO FINAL DO LIVRO PARA VERIFICAR SUA APRENDIZAGEM E PARA VOCÊ REFLETIR SOBRE OS TEMAS ESTUDADOS AO LONGO DO ANO.

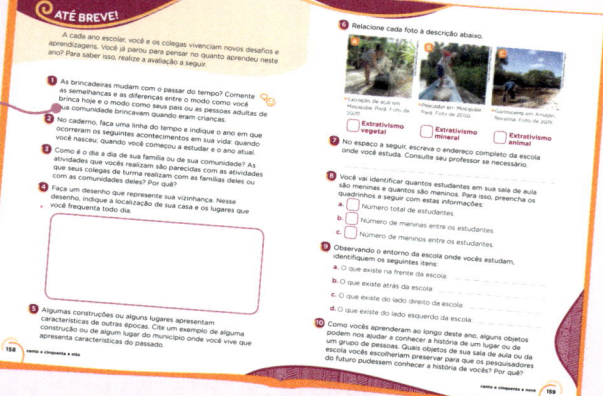

## ÍCONES USADOS NO LIVRO

 ATIVIDADE EM DUPLA

 ATIVIDADE EM GRUPO

 ATIVIDADE ORAL

 ATIVIDADE PARA CASA

 **SABER SER**
SINALIZA MOMENTOS PROPÍCIOS PARA O DESENVOLVIMENTO DE COMPETÊNCIAS SOCIOEMOCIONAIS.

 CORES-FANTASIA

REPRESENTAÇÃO SEM PROPORÇÃO DE TAMANHO E/OU DISTÂNCIA ENTRE OS ELEMENTOS.

CINCO 5

# SUMÁRIO

🌀 **BOAS-VINDAS!** • 8

### CAPÍTULO 1 — OS OUTROS E EU • 10

- VIVEMOS EM GRUPO • 12
- O QUE UNE OS GRUPOS • 14
- RESPEITO ÀS PESSOAS • 16
- REPRESENTAÇÕES:
  - DENTRO, FORA, EM CIMA E EMBAIXO • 17
- APRENDER SEMPRE • 18

### CAPÍTULO 2 — OS LUGARES DE BRINCAR • 20

- AS BRINCADEIRAS • 22
- O DIREITO DE BRINCAR • 23
- DIFERENTES JEITOS DE BRINCAR • 24
- AS REGRAS NAS BRINCADEIRAS • 26
- BRINCAR EM DIFERENTES LUGARES • 28
- PESSOAS E LUGARES:
  - MANCALA, O JOGO DAS SEMENTES • 30
- APRENDER SEMPRE • 32

### CAPÍTULO 3 — TODOS TEMOS HISTÓRIA • 34

- O ESTUDO DA HISTÓRIA • 36
- MEDINDO O TEMPO • 38
- TEMPO E HISTÓRIA • 40
- VOCÊ TEM HISTÓRIA • 42
- APRENDER SEMPRE • 44

### CAPÍTULO 4 — MUITAS FAMÍLIAS, MUITAS HISTÓRIAS • 46

- CADA FAMÍLIA TEM UM JEITO E UM TAMANHO • 48
- A FAMÍLIA NO TEMPO • 50
- REGISTROS:
  - FOTOS DE FAMÍLIA • 53
- VAMOS LER IMAGENS!:
  - FAMÍLIAS DE UM PASSADO DISTANTE • 54
- APRENDER SEMPRE • 56

### CAPÍTULO 5 — AS FAMÍLIAS BRASILEIRAS • 58

- OS COSTUMES DE CADA FAMÍLIA • 60
- FAMÍLIAS DE DIFERENTES ORIGENS • 62
- FAMÍLIAS DIFERENTES, COSTUMES DIFERENTES • 64
- O PAPEL DAS MULHERES • 66
- PESSOAS E LUGARES:
  - OS INY E AS BONECAS DE CERÂMICA • 68
- APRENDER SEMPRE • 70

### CAPÍTULO 6 — AS DIFERENTES MORADIAS • 72

- A IMPORTÂNCIA DAS MORADIAS • 74
- MORADIA E DIGNIDADE • 76
- DIFERENTES POVOS, DIFERENTES MORADIAS • 78
- MORADIAS DO PASSADO • 80
- REPRESENTAÇÕES:
  - PONTOS DE VISTA • 81
- APRENDER SEMPRE • 82

### CAPÍTULO 7 — CONVIVENDO COM A VIZINHANÇA • 84

- CADA VIZINHANÇA É DE UM JEITO • 86
- O ENDEREÇO • 88
- REGISTROS:
  - ENVELOPES DE CORRESPONDÊNCIA • 89
- SERVIÇOS PÚBLICOS: ONTEM E HOJE • 90
- VAMOS LER IMAGENS!:
  - PINTURA E FOTO: VILA RICA E OURO PRETO • 92
- APRENDER SEMPRE • 94

Ilustrações: Daniel Wu/ID/BR

## CAPÍTULO 10 — A ESCOLA É DE TODOS — 124

A ESCOLA É DIREITO DE TODOS • 126

AS ATIVIDADES ESCOLARES • 127

A COMUNIDADE ESCOLAR • 128

ESCOLA AMIGA DA NATUREZA • 130

**VAMOS LER IMAGENS!:**
ELEMENTOS VISÍVEIS E ELEMENTOS NÃO VISÍVEIS NAS FOTOGRAFIAS • 132

APRENDER SEMPRE • 134

## CAPÍTULO 8 — A VIDA NO BAIRRO — 96

COMO É O BAIRRO • 98

OS CAMINHOS DO DIA A DIA • 100

**REPRESENTAÇÕES:**
MAPAS MENTAIS • 101

CONVIVÊNCIA NO BAIRRO • 102

PROBLEMAS NOS BAIRROS • 104

**PESSOAS E LUGARES:**
A VIZINHANÇA DO BAIRRO DAS GRAÇAS E O JARDIM DO BAOBÁ • 106

APRENDER SEMPRE • 108

## CAPÍTULO 11 — A CONVIVÊNCIA NA ESCOLA — 136

COLEGAS DE TURMA • 138

**REPRESENTAÇÕES:**
A MAQUETE • 139

TODOS MERECEM RESPEITO • 140

**PESSOAS E LUGARES:**
A ESCOLA DA COMUNIDADE CABECEIRA DO AMORIM • 142

APRENDER SEMPRE • 144

## CAPÍTULO 9 — AS TRANSFORMAÇÕES DOS LUGARES — 110

OS LUGARES TÊM HISTÓRIA • 112

PRESERVAÇÃO DO PASSADO • 114

**REGISTROS:**
ENTREVISTA • 115

MUDANÇAS NOS LUGARES DE VIVÊNCIA E NO MODO DE VIVER • 116

MEIOS DE TRANSPORTE ONTEM E HOJE • 118

O EXTRATIVISMO E A TRANSFORMAÇÃO NOS LUGARES • 120

APRENDER SEMPRE • 122

## CAPÍTULO 12 — AS ESCOLAS DO BRASIL ONTEM E HOJE — 146

AS ESCOLAS MUDAM • 148

AS ESCOLAS INDÍGENAS • 150

AS ESCOLAS NAS COMUNIDADES QUILOMBOLAS • 152

**VAMOS LER IMAGENS!:**
MONUMENTO ROMANO: PROFESSORES E ESTUDANTES • 154

APRENDER SEMPRE • 156

ATÉ BREVE! • 158

BIBLIOGRAFIA COMENTADA • 160

# BOAS-VINDAS!

BEM-VINDO! VOCÊ VAI DAR INÍCIO AO SEGUNDO ANO DO ENSINO FUNDAMENTAL! FAÇA AS ATIVIDADES A SEGUIR COM A AJUDA DO PROFESSOR E DOS COLEGAS DE TURMA. VAMOS LÁ!

1. COM QUAIS PESSOAS VOCÊ CONVIVE EM SEU DIA A DIA? O QUE VOCÊS TÊM EM COMUM?

2. VOCÊ RECONHECE O OBJETO REPRESENTADO AO LADO? EM SUA OPINIÃO, ELE É USADO PARA QUAL FINALIDADE?

3. VOCÊ SE LEMBRA DE ALGUM MOMENTO OU EVENTO ESPECIAL QUE TENHA VIVIDO COM SUA FAMÍLIA OU COM SUA COMUNIDADE? QUE MOMENTO OU EVENTO FOI ESSE? POR QUE VOCÊ CONSIDERA QUE ELE É ESPECIAL?

4. SUA FAMÍLIA OU SUA COMUNIDADE REALIZAM ALGUMA COMEMORAÇÃO DA QUAL VOCÊ GOSTE MUITO? QUAL? COMO VOCÊS COSTUMAM CELEBRAR ESSA COMEMORAÇÃO?

5. DO QUE VOCÊ MAIS GOSTA EM SUA VIZINHANÇA? POR QUÊ?

6. QUAL MEIO DE TRANSPORTE VOCÊ OU AS PESSOAS DE SUA FAMÍLIA OU DE SUA COMUNIDADE MAIS UTILIZAM NO DIA A DIA?

7. COMO É O ENTORNO DA ESCOLA ONDE VOCÊ ESTUDA? EXISTEM OUTRAS CONSTRUÇÕES POR PERTO?

**8** COMO É A ESCOLA ONDE VOCÊ ESTUDA? FAÇA UM DESENHO PARA REPRESENTAR SUA ESCOLA. LEMBRE-SE DE INDICAR ONDE FICA SUA SALA DE AULA.

**9** QUAL É O NOME DA ESCOLA ONDE VOCÊ ESTUDA? ESCREVA NO QUADRO A SEGUIR.

**10** COMPLETE OS QUADROS A SEGUIR COM A QUANTIDADE DE CADA ITEM QUE EXISTE EM SUA SALA DE AULA.

- **A.** ☐ ESTUDANTES
- **B.** ☐ PROFESSOR
- **C.** ☐ LOUSA
- **D.** ☐ JANELAS
- **E.** ☐ MESAS
- **F.** ☐ CADEIRAS

**11** VOCÊS GOSTAM DE FREQUENTAR A ESCOLA? QUE TIPO DE ATIVIDADE VOCÊS REALIZAM DURANTE AS AULAS?

**12** NA OPINIÃO DE VOCÊS, QUAIS SÃO AS ATITUDES NECESSÁRIAS PARA QUE A CONVIVÊNCIA EM SALA DE AULA SEJA AGRADÁVEL E HARMÔNICA PARA TODOS? POR QUÊ?

**13** VOCÊS SABIAM QUE O PROFESSOR DE VOCÊS JÁ FOI UM ESTUDANTE? COMO VOCÊS IMAGINAM QUE ERAM AS ESCOLAS NA ÉPOCA EM QUE ELE ESTUDAVA?

# CAPÍTULO 1

## OS OUTROS E EU

CONVIVEMOS COM MUITAS PESSOAS NO DIA A DIA. JUNTOS, NÓS COMPARTILHAMOS MOMENTOS IMPORTANTES DA VIDA, APRENDEMOS MUITAS COISAS NOVAS UNS COM OS OUTROS E NOS DIVERTIMOS BASTANTE.

### PARA COMEÇO DE CONVERSA

1. O QUE AS PESSOAS REPRESENTADAS NA IMAGEM ESTÃO FAZENDO?

2. VOCÊ JÁ PARTICIPOU DE ATIVIDADES COMO ESSA JUNTO DE SUA FAMÍLIA OU DE AMIGOS?

3. EM SUA OPINIÃO, A IMAGEM MOSTRA UM GRUPO DE AMIGOS OU PESSOAS QUE NÃO SE CONHECEM? COMO VOCÊ CHEGOU A ESSA CONCLUSÃO? **SABER SER**

◀ PARQUE DO INSTITUTO RICARDO BRENNAND, NO MUNICÍPIO DO RECIFE, PERNAMBUCO. FOTO DE 2019.

## VIVEMOS EM GRUPO

UM DOS ASPECTOS QUE CARACTERIZAM OS SERES HUMANOS É A VIDA EM SOCIEDADE, OU SEJA, **A VIDA EM GRUPO**.

AO NASCERMOS, PRECISAMOS DE OUTRAS PESSOAS PARA NOS ALIMENTAR, LIMPAR, PROTEGER, EDUCAR. SOZINHOS, NÃO PODERÍAMOS SOBREVIVER.

AO LONGO DA VIDA, PRECISAMOS DAS PESSOAS PARA CONVERSAR, TROCAR OPINIÕES, COMPARTILHAR SENTIMENTOS, PENSAR EM COMO SOLUCIONAR ALGUM PROBLEMA.

OUTRAS PESSOAS TAMBÉM PODEM NOS AJUDAR EM ALGUMAS DE NOSSAS NECESSIDADES. VEJA UM EXEMPLO NESTA FOTO.

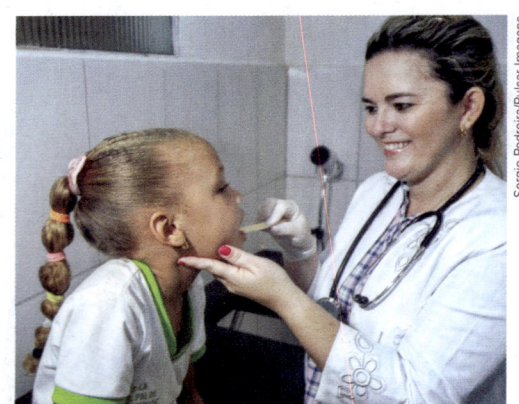

▲ ATENDIMENTO MÉDICO NO MUNICÍPIO DE ITAPARICA, BAHIA. FOTO DE 2019.

**1.** OBSERVE OUTROS EXEMPLOS DE PESSOAS QUE PODEM SER IMPORTANTES PARA NOSSA VIDA:
- O PROFESSOR NOS AJUDA A ADQUIRIR CONHECIMENTOS.
- OS PAIS NOS PROTEGEM E NOS DÃO CARINHO.
- OS AMIGOS NOS ACOMPANHAM NAS CONVERSAS E BRINCADEIRAS.
- ALÉM DESSAS, QUAIS PESSOAS SÃO IMPORTANTES PARA VOCÊ? CONTE À TURMA E EXPLIQUE POR QUÊ.

### PARA EXPLORAR

***SOMOS IGUAIS MESMO SENDO DIFERENTES!*, DE MARCOS RIBEIRO. ILUSTRAÇÕES DE ISABEL DE PAIVA. EDITORA MODERNA.**

É POSSÍVEL SERMOS IGUAIS E SERMOS DIFERENTES AO MESMO TEMPO? DE ACORDO COM ESSE LIVRO, SIM.

O AUTOR MOSTRA QUE RECONHECER E RESPEITAR AS DIFERENÇAS DE CADA PESSOA É MUITO IMPORTANTE PARA FAZERMOS DO MUNDO UM LUGAR MAIS JUSTO E FELIZ.

## DIFERENTES GRUPOS

AS PESSOAS FAZEM PARTE DE DIFERENTES GRUPOS. ENTRE ELES, PODEMOS DESTACAR:

- GRUPOS FORMADOS POR PESSOAS BEM PRÓXIMAS, QUE SE GOSTAM, SE IDENTIFICAM E ESTÃO SEMPRE JUNTAS;
- GRUPOS FORMADOS POR PESSOAS QUE PODEM ATÉ NÃO SE CONHECER MUITO BEM, MAS QUE TÊM UM OBJETIVO EM COMUM. POR ISSO, ELAS SE APROXIMAM.

**2** OBSERVE AS FOTOS E LEIA AS LEGENDAS.

▲ AULA DE MÚSICA EM PETROLINA, PERNAMBUCO. FOTO DE 2019.

▲ FAMÍLIA ALMOÇANDO EM SÃO PAULO. FOTO DE 2017.

- AGORA, IDENTIFIQUE COM A LETRA **A** A IMAGEM DO GRUPO FORMADO POR PESSOAS QUE CONVIVEM DE MANEIRA MAIS PRÓXIMA E, COM A LETRA **B**, O GRUPO DE PESSOAS QUE SE REÚNEM POR UM OBJETIVO COMUM.

**3** ALÉM DO GRUPO DA FAMÍLIA E DA ESCOLA, AS PESSOAS PARTICIPAM DE VÁRIOS OUTROS GRUPOS.

**A.** MARQUE COM UM **X** OS GRUPOS DOS QUAIS VOCÊ PARTICIPA.

- ☐ GRUPO DO BAIRRO
- ☐ GRUPO DE DANÇA
- ☐ GRUPO DO FUTEBOL
- ☐ GRUPO RELIGIOSO
- ☐ GRUPO DA NATAÇÃO
- ☐ GRUPO DE ESTUDOS

**B.** ESCREVA OUTRO GRUPO DO QUAL VOCÊ FAZ PARTE.

_____

## O QUE UNE OS GRUPOS

COMO VIMOS, EXISTEM MUITOS TIPOS DE GRUPO DE PESSOAS NA COMUNIDADE EM QUE VIVEMOS. O QUE SERÁ QUE UNE AS PESSOAS DESSES GRUPOS?

EXISTEM GRUPOS FORMADOS POR PESSOAS DE UMA MESMA FAMÍLIA. ESSAS PESSOAS COMPARTILHAM LAÇOS AFETIVOS E, GERALMENTE, TÊM UM ANTEPASSADO EM COMUM. ELAS PODEM VIVER OU NÃO NA MESMA CASA E TER OU NÃO O MESMO SOBRENOME.

ALGUNS GRUPOS TÊM UMA ORIGEM CULTURAL COMUM, COMO NO CASO DOS POVOS INDÍGENAS. AS PESSOAS DE UM MESMO POVO, EM GERAL, FALAM A MESMA LÍNGUA E COMPARTILHAM AS MESMAS HISTÓRIAS, OS MESMOS HÁBITOS E COSTUMES.

ASSIM COMO OS POVOS INDÍGENAS, AS COMUNIDADES QUILOMBOLAS TAMBÉM SÃO GRUPOS FORMADOS POR PESSOAS QUE TÊM UMA ORIGEM CULTURAL COMUM, ISTO É, SÃO COMUNIDADES QUE, NO PASSADO, FORAM FORMADAS POR AFRICANOS E SEUS DESCENDENTES QUE RESISTIRAM À ESCRAVIDÃO.

OUTROS GRUPOS, COMO AQUELES FORMADOS POR AMIGOS, REÚNEM PESSOAS QUE SE GOSTAM, QUE COMPARTILHAM INTERESSES SEMELHANTES, QUE SE DIVERTEM JUNTAS E SE AJUDAM EM MOMENTOS DE NECESSIDADE.

PESSOAS DA ETNIA INDÍGENA PATAXÓ DURANTE FESTA EM PORTO SEGURO, BAHIA. FOTO DE 2019.

APESAR DE SEREM DIFERENTES, OS VÁRIOS GRUPOS DE QUE AS PESSOAS FAZEM PARTE TÊM UMA SEMELHANÇA ENTRE SI: SEUS INTEGRANTES SE IDENTIFICAM, OU SEJA, ELES TÊM ALGO EM COMUM E AJUDAM UNS AOS OUTROS.

▲ GRUPO DE DANÇA EM COMUNIDADE QUILOMBOLA NO MUNICÍPIO DE PRESIDENTE KENNEDY, ESPÍRITO SANTO. FOTO DE 2019.

▲ MENINAS VESTIDAS PARA PARTICIPAR DA DANÇA MANA-CHICA NO MUNICÍPIO DE CAMPOS DOS GOYTACAZES, RIO DE JANEIRO. FOTO DE 2019.

**1** VOCÊ PARTICIPA DE VÁRIOS GRUPOS. ESCOLHA UM DELES E CRIE UM DESENHO QUE MOSTRE UMA ATIVIDADE QUE VOCÊ E AS PESSOAS DESSE GRUPO COSTUMAM FAZER JUNTOS.

**2** COMO É A COMUNIDADE ONDE VOCÊ VIVE? QUAIS SÃO AS ATIVIDADES QUE VOCÊS COSTUMAM FAZER JUNTOS?

_____

_____

**3** PERTO DA CASA OU DO BAIRRO ONDE VOCÊ MORA, HÁ UM CAMPO DE FUTEBOL OU UM OUTRO ESPAÇO PARA FAZER ATIVIDADES ESPORTIVAS? VOCÊ COSTUMA SE REUNIR COM GRUPOS DE AMIGOS PARA PRATICAR ESPORTES NESSE LOCAL? SE SIM, QUAL ESPORTE?

_____

_____

QUINZE

# RESPEITO ÀS PESSOAS

AS PESSOAS DE UM GRUPO PODEM SE DESENTENDER DE VEZ EM QUANDO. PARA EVITAR QUE O DESENTENDIMENTO PROVOQUE CONFLITOS, É IMPORTANTE RESPEITAR AS PESSOAS EM QUALQUER SITUAÇÃO.

LEIA A SITUAÇÃO PROPOSTA NA HISTÓRIA EM QUADRINHOS.

JÚLIO, MARCOS E VITÓRIA MORAM NA MESMA RUA, ONDE COSTUMAM BRINCAR JUNTOS. UM DIA, PORÉM...

POSSO BRINCAR COM VOCÊS?

NÃO! ESTAMOS BRINCANDO DE VÔLEI E VOCÊ SÓ VAI ATRAPALHAR!

**1** QUE FINAL VOCÊ DARIA A ESSA HISTÓRIA? ESCOLHA UMA DAS OPÇÕES NOS QUADROS A SEGUIR E COPIE O TEXTO NO ÚLTIMO BALÃO DE FALA DA HISTÓRIA ACIMA. EXPLIQUE SUA ESCOLHA AOS COLEGAS.

TEM RAZÃO, JÚLIO! O MARCOS AQUI SÓ VAI ATRAPALHAR!

NÃO, JÚLIO! DÁ PARA BRINCAR COM TRÊS PESSOAS. FICA MAIS DIVERTIDO!

## DENTRO, FORA, EM CIMA E EMBAIXO

AS PESSOAS, OS OBJETOS, AS CONSTRUÇÕES E A VEGETAÇÃO SÃO EXEMPLOS DE ELEMENTOS QUE PODEM SER REPRESENTADOS EM UMA IMAGEM. PARA IDENTIFICAR EM QUAL POSIÇÃO CADA ELEMENTO SE ENCONTRA, VOCÊ PODE UTILIZAR NOÇÕES QUE JÁ CONHECE, COMO AS INDICADAS NO TÍTULO ACIMA: **DENTRO**, **FORA**, **EM CIMA** E **EMBAIXO**.

**1** OBSERVE A ILUSTRAÇÃO DO PÁTIO DE UMA ESCOLA. DEPOIS, FAÇA O QUE SE PEDE.

**A.** PINTE DE **AZUL** A BERMUDA DO ESTUDANTE QUE ESTÁ **DENTRO** DA QUADRA DE ESPORTES.

**B.** PINTE DE **VERDE** A CAMISA DA ESTUDANTE QUE ESTÁ **FORA** DA QUADRA E ESTÁ VESTINDO BERMUDA VERMELHA.

**C.** PINTE DE **VERMELHO** A LANCHEIRA QUE ESTÁ **EM CIMA** DA MESA.

**D.** PINTE DE **LARANJA** A BOLA QUE ESTÁ **EMBAIXO** DO PÉ DA MENINA.

# APRENDER SEMPRE

**1.** ÀS VEZES, FICAR SOZINHO É BOM. MAS NÃO CONSEGUIMOS FICAR SOZINHOS O TEMPO TODO. PENSANDO NISSO, RESPONDA:

**A.** QUE ATIVIDADES VOCÊ GOSTA DE FAZER SOZINHO?

_____

_____

**B.** QUE ATIVIDADES VOCÊ SÓ CONSEGUE FAZER EM GRUPO?

_____

_____

**2.** AGORA, CONVERSE COM OS COLEGAS E O PROFESSOR.

- PARA REALIZAR QUALQUER UMA DAS ATIVIDADES QUE VOCÊ CITOU NA PERGUNTA ANTERIOR, É NECESSÁRIO O TRABALHO OU A AJUDA DE OUTRAS PESSOAS? VOCÊ CONSEGUE REALIZÁ-LAS SEM A AJUDA DE ALGUÉM? EXPLIQUE.

**3.** O TRECHO A SEGUIR É DE UMA HISTÓRIA QUE SE PASSA NO QUÊNIA, UM PAÍS DA ÁFRICA. APÓS ADIKA CONVIDAR MUITOS AMIGOS PARA UMA REFEIÇÃO, A MÃE DO GAROTO, *MAMA* PANYA, FICA PREOCUPADA EM NÃO TER COMIDA PARA TODOS. LEIA O TRECHO COM O PROFESSOR PARA SABER O QUE ACONTECEU. DEPOIS, RESPONDA ÀS QUESTÕES.

> SAWANDI E NAIMAN FORAM OS PRIMEIROS A CHEGAR.
> [...]
> ELES TRAZIAM DUAS **CABAÇAS** CHEIAS DE LEITE E UM PEQUENO BALDE COM MANTEIGA.

**CABAÇA:** FRUTO DE CASCA DURA QUE PODE SER UTILIZADO COMO RECIPIENTE.

– MAMA, NOSSAS VACAS DERAM UM POUCO MAIS DE LEITE HOJE.

MZEE ODOLO APARECEU LOGO EM SEGUIDA.

– O VELHO RIO NOS DEU TRÊS PEIXES HOJE.

GAMILA CHEGOU EQUILIBRANDO UM CACHO DE BANANAS NA CABEÇA.

– BANANAS FICAM ÓTIMAS COM PANQUECAS.

[...]

E O BANQUETE COMEÇOU ASSIM QUE TODOS SE SENTARAM DEBAIXO DO **BAOBÁ** PARA COMER AS PANQUECAS DE *MAMA* PANYA.

[...]

COM UM BRILHO NOS OLHOS E SORRINDO, ADIKA COCHICHOU:

– APOSTO QUE LOGO VOCÊ VAI FAZER PANQUECAS DE NOVO, *MAMA*.

ELA SORRIU:

– SIM, ADIKA, COMO SEMPRE, VOCÊ ADIVINHOU.

MARY E RICH CHAMBERLIN. *AS PANQUECAS DE MAMA PANYA*. SÃO PAULO: SM, 2005 (COLEÇÃO CANTOS DO MUNDO).

**BAOBÁ:** ÁRVORE GRANDE, TÍPICA DA ÁFRICA.

**A.** POR QUE *MAMA* PANYA FICOU PREOCUPADA? ESSA PREOCUPAÇÃO SE CONFIRMOU?

**B.** LEIA NOVAMENTE O TEXTO E REFLITA: QUAL É A IMPORTÂNCIA DE VIVER EM GRUPO?

# CAPÍTULO 2
## OS LUGARES DE BRINCAR

Existem muitas brincadeiras e muitos jeitos e lugares de brincar. Há brincadeiras realizadas em casa, no parque ou na escola. O importante é se divertir!

### PARA COMEÇO DE CONVERSA

1. Como as crianças representadas na imagem estão brincando?
2. Qual é sua brincadeira preferida?
3. Em qual lugar você mais gosta de brincar? Por quê?
4. O que você prefere: brincar sozinho ou brincar com outras crianças? Por quê?

Crianças brincando em um parque em Brasília, Distrito Federal. Foto de 2019.

## AS BRINCADEIRAS

BRINCAR É UMA DAS ATIVIDADES MAIS IMPORTANTES E PRAZEROSAS DA **INFÂNCIA**. BRINCAR SOZINHO, COM O IRMÃO, COM A IRMÃ, COM OS COLEGAS... SEMPRE É MUITO DIVERTIDO.

COM O PROFESSOR, LEIA EXEMPLOS DE BRINCADEIRAS NOS VERSOS DO POEMA A SEGUIR.

**INFÂNCIA:** FASE DA VIDA QUE VAI DO NASCIMENTO ATÉ O INÍCIO DA ADOLESCÊNCIA.

[...]
NÃO EXISTE COISA MAIS LEGAL,
GANHAR DO VOVÔ NO JOGO DO PIÃO!
SER CRAQUE NO JOGO;
FAZER O DANADO GIRAR NA MÃO!
[...]
PULEI AMARELINHA E JOGUEI BOLA DE GUDE;
PASSEI ANEL E CANTEI CIRANDA;
FIZ A DANÇA DAS CADEIRAS
E OUVI HISTÓRIAS NA VARANDA!
[...]
AH, COMO ERA BOM SER CRIANÇA!
QUE SAUDADE DE BRINCAR!
[...]

RENILDA D. VIANA. BRINCAR DE BRINCADEIRA. DISPONÍVEL EM: http://www.recantodasletras.com.br/poesiasinfantis/1959110. ACESSO EM: 17 FEV. 2021.

**1** QUAIS BRINCADEIRAS CITADAS NO POEMA VOCÊ CONHECE? E QUAIS VOCÊ NÃO CONHECE?

**2** DO QUE A AUTORA DO POEMA AFIRMA TER SAUDADE?

**3** PENSE EM SUA BRINCADEIRA FAVORITA. CONTE AOS COLEGAS O NOME DELA, COMO SE BRINCA E QUANTAS PESSOAS PARTICIPAM.

# O DIREITO DE BRINCAR

BRINCAR É FUNDAMENTAL PARA O DESENVOLVIMENTO DAS CRIANÇAS. BRINCANDO, AS CRIANÇAS APRENDEM COISAS NOVAS E FAZEM AMIGOS. TAMBÉM APRENDEM A RESPEITAR AS DIFERENÇAS E A RESOLVER CONFLITOS.

POR SER TÃO IMPORTANTE, BRINCAR É UM **DIREITO DA CRIANÇA**. DIREITO É ALGO GARANTIDO POR LEI E QUE DEVE SER RESPEITADO POR TODOS.

CONHEÇA, NO QUADRINHO A SEGUIR, OUTROS DIREITOS DAS CRIANÇAS.

MAURICIO DE SOUSA. *A TURMA DA MÔNICA EM*: O *ESTATUTO DA CRIANÇA E DO ADOLESCENTE*. SÃO PAULO: MAURICIO DE SOUSA EDITORA, 2004. DISPONÍVEL EM: https://www.gov.br/mdh/pt-br/centrais-de-conteudo/crianca-e-adolescente/estatuto-da-crianca-e-adolescente-turma-da-monica-2018.pdf/view. ACESSO EM: 18 FEV. 2021.

# DIFERENTES JEITOS DE BRINCAR

HÁ VÁRIAS MANEIRAS DE BRINCAR. PODEMOS BRINCAR SOZINHOS OU ACOMPANHADOS. PODEMOS NOS DIVERTIR COM BRINQUEDOS COMPRADOS EM LOJAS OU COM AQUELES QUE A GENTE MESMO FAZ. HÁ AINDA BRINCADEIRAS QUE MEXEM COM A IMAGINAÇÃO E, ÀS VEZES, USAMOS A IMAGINAÇÃO PARA CRIAR NOVAS FORMAS DE DIVERSÃO. LEIA O TEXTO A SEGUIR COM O PROFESSOR.

> AQUI, QUASE TUDO NA NATUREZA PODE VIRAR BRINQUEDO. ARUMÃ VIRA ARCO E FLECHA, TALO DE BURITI VIRA BARCO QUE FLUTUA, GRAVETOS E FOLHAS DE BACABA VIRAM CASINHAS, [...] FOLHA DE BANANEIRA VIRA BONECA, PAU DE JUCAZEIRO VIRA TACO DE BILHARZINHO...
>
> [...]
>
> CONSTRUIR UM BRINQUEDO JÁ É UMA GRANDE BRINCADEIRA!
>
> MARIE ANGE BORDAS. TUDO VIRA BRINQUEDO. EM: *MANUAL DAS CRIANÇAS DO BAIXO AMAZONAS*. SÃO PAULO: LIVROS DA MATRIZ, 2015. P. 56.

▲ CRIANÇA JOGANDO *VIDEOGAME* EM LONDRINA, PARANÁ. FOTO DE 2019.

▲ CRIANÇAS BRINCANDO DE IOIÔ EM SÃO PAULO. FOTO DE 2019.

## PARA EXPLORAR

**MAPA DO BRINCAR**
**DISPONÍVEL EM:** http://mapadobrincar.folha.com.br/brincadeiras/regioes.shtml. ACESSO EM: 18 FEV. 2021.
CONHEÇA BRINCADEIRAS TÍPICAS DE TODAS AS REGIÕES BRASILEIRAS, QUE CONTRIBUEM PARA A DIVERSIDADE CULTURAL DO PAÍS.

Cesar Diniz/Pulsar Imagens

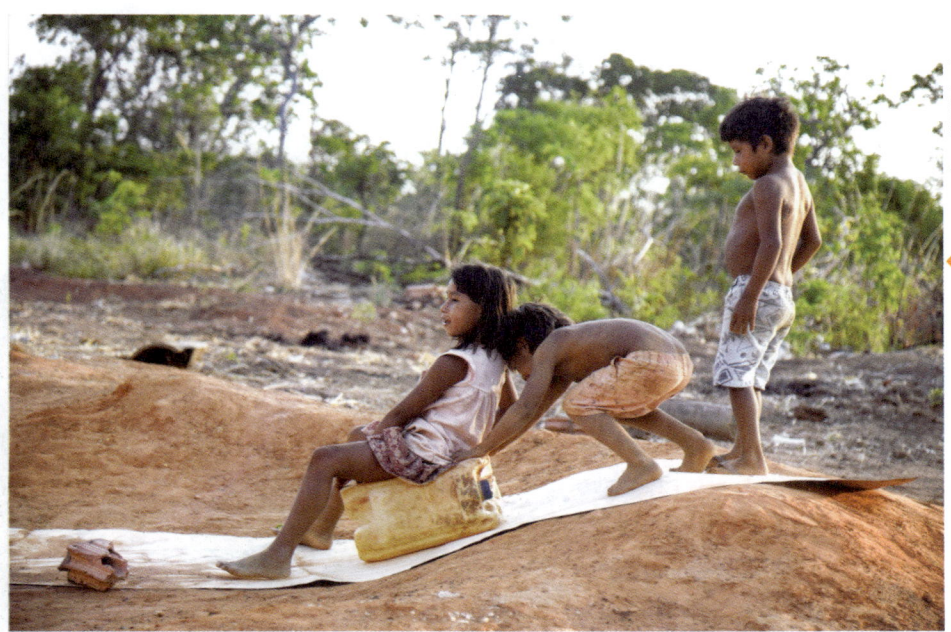

CRIANÇAS INDÍGENAS DA ETNIA XAVANTE BRINCANDO DE ESCORREGAR NO MUNICÍPIO DE GENERAL CARNEIRO, MATO GROSSO. FOTO DE 2020.

**1** ESCOLHA DOIS DE SEUS BRINQUEDOS FAVORITOS E FAÇA O QUE SE PEDE.

**A.** CONTE AOS COLEGAS QUAIS SÃO E DO QUE SÃO FEITOS SEUS BRINQUEDOS FAVORITOS.

**B.** COMPARE SEUS BRINQUEDOS COM OS BRINQUEDOS DOS COLEGAS DE CLASSE. ELES SÃO PARECIDOS OU SÃO DIFERENTES?

**C.** AGORA, COMPARE OS BRINQUEDOS DA TURMA COM OS BRINQUEDOS MENCIONADOS NO TEXTO DA PÁGINA ANTERIOR, DAS CRIANÇAS DO BAIXO AMAZONAS (GRANDE ÁREA LOCALIZADA NA PARTE FINAL DO RIO AMAZONAS, NO PARÁ). CONVERSE COM OS COLEGAS: ESSES BRINQUEDOS SÃO PARECIDOS OU SÃO DIFERENTES DOS QUE VOCÊS USAM? POR QUÊ?

**2** VOCÊ JÁ FEZ ALGUM BRINQUEDO? EM CASO AFIRMATIVO, CONTE QUAL FOI O BRINQUEDO, QUAIS MATERIAIS USOU E COMO ELE FOI FEITO.

**3** EM SUA OPINIÃO, QUAL É A IMPORTÂNCIA DE CONSTRUIR O PRÓPRIO BRINQUEDO COM MATERIAIS DA NATUREZA OU COM SUCATA?

SABER SER

# AS REGRAS NAS BRINCADEIRAS

MUITAS BRINCADEIRAS TÊM REGRAS. LEIA COM O PROFESSOR OUTRO TRECHO DO POEMA DO INÍCIO DESTE CAPÍTULO.

[...]
BRINCAR DE PEGA-PEGA
FINGIR QUE É CABRA-CEGA,
E ENTRAR NO JOGO DA VELHA!

CORRER DE ESCONDE-ESCONDE,
BRINCAR DE CORRE-CUTIA,
VIRAR ESTÁTUA!
E VIVER A FANTASIA!
[...]

RENILDA D. VIANA. BRINCAR DE BRINCADEIRA. DISPONÍVEL EM: http://www.recantodasletras.com.br/poesiasinfantis/1959110. ACESSO EM: 18 FEV. 2021.

**1** CONTORNE NO POEMA OS NOMES DAS BRINCADEIRAS QUE VOCÊ CONHECE.

**2** DOS NOMES QUE VOCÊ CONTORNOU, PINTE DE **VERMELHO** OS DAS BRINCADEIRAS QUE SÓ PODEM SER REALIZADAS COM OUTRAS PESSOAS.

**3** AGORA, REÚNA-SE COM UM COLEGA. ESCOLHAM UMA DAS BRINCADEIRAS QUE VOCÊS DOIS PINTARAM DE VERMELHO E FAÇAM O QUE SE PEDE.

**A.** ESCREVAM O NOME DESSA BRINCADEIRA.

_____

**B.** DIGAM COMO É QUE SE BRINCA, OU SEJA, QUAIS SÃO AS REGRAS DA BRINCADEIRA.

**C.** AGORA, IMAGINEM QUE CADA UM QUEIRA BRINCAR DE UM JEITO. SERÁ QUE VAI DAR CERTO? POR QUÊ?

## APRENDENDO COM AS REGRAS DE UM JOGO

ALÉM DE DIVERSÃO, OS JOGOS PODEM NOS TRAZER ALGUMAS APRENDIZAGENS. COM O JOGO DA VELHA, POR EXEMPLO, VOCÊ PODE APRENDER AS NOÇÕES DE VERTICAL, HORIZONTAL E DIAGONAL.

O DESENHO DO JOGO PODE SER FEITO NA LOUSA, NO CADERNO OU NO CHÃO, TRAÇANDO UMA FIGURA COM NOVE CASAS, COMO AS QUE SÃO MOSTRADAS MAIS ABAIXO.

NA BRINCADEIRA, CADA UM DOS PARTICIPANTES PREENCHE UMA CASA POR VEZ. CADA UM ESCOLHE UM DESENHO OU SÍMBOLO DIFERENTE.

GANHA AQUELE QUE PREENCHER TRÊS CASAS EM SEQUÊNCIA. AS TRÊS CASAS PODEM SER PREENCHIDAS DA SEGUINTE MANEIRA:

- NA **VERTICAL**: DE CIMA PARA BAIXO OU DE BAIXO PARA CIMA, COMO NO JOGO **A**.
- NA **HORIZONTAL**: DA DIREITA PARA A ESQUERDA OU DA ESQUERDA PARA A DIREITA, COMO NO JOGO **B**.
- NA **DIAGONAL**: DE MANEIRA INCLINADA, LIGANDO TRÊS SÍMBOLOS NOS CANTOS DA FIGURA, E SEMPRE PASSANDO PELA CASA DO MEIO, COMO NO JOGO **D**.

**JOGO A**   **JOGO B**   **JOGO C**   **JOGO D**

**4** EM QUAL JOGO NÃO HOUVE VENCEDOR? POR QUÊ?

# BRINCAR EM DIFERENTES LUGARES

AS BRINCADEIRAS QUE REALIZAMOS COM OS VÁRIOS GRUPOS DE NOSSA CONVIVÊNCIA ACONTECEM EM DIFERENTES LUGARES.

NESSES LUGARES, CONVIVEMOS COM ADULTOS E OUTRAS CRIANÇAS, CONVERSAMOS, DAMOS RISADA, APRENDEMOS E TAMBÉM ENSINAMOS. É NOS LUGARES QUE CONSTRUÍMOS NOSSA HISTÓRIA DE VIDA.

OS LUGARES DE BRINCAR PODEM SER DIVERSOS. OBSERVE ALGUNS EXEMPLOS.

▲ CRIANÇAS BRINCANDO NA PRAIA EM BÚZIOS, RIO DE JANEIRO. FOTO DE 2019.

▲ PARQUE AQUÁTICO EM BARRA DO GARÇAS, MATO GROSSO. FOTO DE 2019.

**1** EM DUPLA, OBSERVEM E COMPAREM AS FOTOS ACIMA. DEPOIS, NO CADERNO, COPIEM E PREENCHAM O QUADRO A SEGUIR.

| PERGUNTA | FOTO A | FOTO B |
|---|---|---|
| COM O QUE AS CRIANÇAS BRINCAM? | | |
| ONDE ELAS BRINCAM? | | |
| COMO ELAS PARECEM SE SENTIR? | | |

**2** COMPAREM MAIS DUAS FOTOS.

▲ CRIANÇAS BRINCANDO NA NEVE NO CAZAQUISTÃO. FOTO DE 2019.

▲ CRIANÇAS INDÍGENAS DA ETNIA GUARANI EM BERTIOGA, SÃO PAULO. FOTO DE 2021.

- NO CADERNO, COPIEM E PREENCHAM O QUADRO A SEGUIR.

| PERGUNTA | FOTO A | FOTO B |
|---|---|---|
| DO QUE AS CRIANÇAS BRINCAM? | | |
| ONDE ELAS BRINCAM? | | |
| COMO ELAS PARECEM SE SENTIR? | | |

**3** VOCÊ JÁ BRINCOU EM LUGARES PARECIDOS COM OS LUGARES MOSTRADOS NAS FOTOS OBSERVADAS NAS ATIVIDADES ACIMA?

☐ SIM                ☐ NÃO

- SE AINDA NÃO BRINCOU, GOSTARIA DE BRINCAR? POR QUÊ?

**4** EM CASA, EM UMA FOLHA DE PAPEL AVULSA, DESENHE SEU LUGAR PREFERIDO DE BRINCAR. COLOQUE NO DESENHO O MAIOR NÚMERO DE ELEMENTOS POSSÍVEL. DEPOIS, NA ESCOLA, MOSTRE O DESENHO AOS COLEGAS E DIGA POR QUE VOCÊ GOSTA DE BRINCAR NESSE LUGAR.

## PESSOAS E LUGARES

## MANCALA, O JOGO DAS SEMENTES

VOCÊ JÁ PENSOU COMO SÃO AS BRINCADEIRAS DAS CRIANÇAS QUE VIVEM EM OUTRAS PARTES DO MUNDO? VOCÊ JÁ PENSOU QUE BRINCADEIRAS AS CRIANÇAS QUE VIVEM NA ÁFRICA CONHECEM, POR EXEMPLO?

A ÁFRICA É UM CONTINENTE MUITO GRANDE E FORMADO POR MUITOS PAÍSES. NESSE CONTINENTE, SURGIRAM DIVERSOS JOGOS E BRINCADEIRAS, ENTRE ELES A **MANCALA**.

▲ TABULEIRO DE MANCALA, NA TANZÂNIA. FOTO DE 2020.

AS PESSOAS JOGAM A MANCALA EM UM TABULEIRO DE TRINTA CASAS, QUE PODE SER FEITO COM BURACOS NO CHÃO OU UTILIZANDO CAIXAS DE OVOS.

SÃO NECESSÁRIOS DOIS JOGADORES PARA BRINCAR. E CADA UM DELES DEVE TER 12 SEMENTES. AS SEMENTES PRECISAM SER DIFERENTES PARA CADA JOGADOR. POR EXEMPLO, SE UM JOGA COM SEMENTES DE FEIJÃO, O OUTRO PODE USAR SEMENTES DE MILHO.

A BRINCADEIRA TEM INÍCIO COM O TABULEIRO VAZIO. CADA JOGADOR, NA SUA VEZ, COLOCA UMA SEMENTE EM UMA CASA LIVRE OU DESLOCA UMA SEMENTE DE LUGAR.

O OBJETIVO DO JOGO É RETIRAR TODAS AS SEMENTES DO ADVERSÁRIO. PARA ISSO, O JOGADOR DEVE SALTAR SOBRE UMA SEMENTE DO OUTRO JOGADOR, SEGUINDO PARA FRENTE OU PARA OS LADOS, E RETIRÁ-LA.

▲ GRUPO DE PESSOAS JOGANDO MANCALA NO MALAUÍ. FOTO DE 2019.

1. O QUE VOCÊ ACHOU DA MANCALA?

2. VOCÊ CONHECE ALGUM JOGO PARECIDO COM ELA? SE SIM, QUAL?

3. VOCÊ CONHECE BRINCADEIRAS DE OUTROS PAÍSES?

   A. EM CASO AFIRMATIVO, CONTE AOS COLEGAS E AO PROFESSOR O NOME DA BRINCADEIRA, COMO SE JOGA E EM QUE PAÍS ELA É PRATICADA.

   B. SE NÃO CONHECE, COM O AUXÍLIO DE UM ADULTO, FAÇA UMA PESQUISA EM LIVROS, REVISTAS OU NA INTERNET. DEPOIS, CONTE À TURMA O QUE DESCOBRIU.

# APRENDER SEMPRE

**1.** LEIA COM O PROFESSOR O TRECHO DE POEMA A SEGUIR.

[...]
CRIANÇA TEM QUE TER NOME
CRIANÇA TEM QUE TER LAR
TER SAÚDE E NÃO TER FOME
TER SEGURANÇA E ESTUDAR.
[...]
MAS CRIANÇA TAMBÉM TEM
O DIREITO DE SORRIR.
CORRER NA BEIRA DO MAR,
TER LÁPIS DE COLORIR...
[...]
DESCER DO ESCORREGADOR,
FAZER BOLHA DE SABÃO,
SORVETE, SE FAZ CALOR,
BRINCAR DE ADIVINHAÇÃO.
MORANGO COM *CHANTILLY*,
VER MÁGICO DE CARTOLA,
O CANTO DO BEM-TE-VI,
BOLA, BOLA, BOLA, BOLA!
[...]
CARRINHO, JOGOS, BONECAS,
MONTAR UM JOGO DE ARMAR,
AMARELINHA, PETECAS,
E UMA CORDA DE PULAR.

RUTH ROCHA. *OS DIREITOS DAS CRIANÇAS SEGUNDO RUTH ROCHA*. ILUSTRAÇÕES DE EDUARDO ROCHA. 2. ED. SÃO PAULO: SALAMANDRA, 2014. P. 6, 12, 16, 18 E 22.

**A.** CONTORNE NO POEMA OS DIREITOS DA CRIANÇA CITADOS PELA AUTORA.

**B.** AGORA, EXPLIQUE POR QUE O DIREITO DE BRINCAR É IMPORTANTE.

**2** ESTA ILUSTRAÇÃO MOSTRA UMA BRINCADEIRA DE GANA, UM PAÍS DA ÁFRICA. LEIA COM O PROFESSOR O NOME DESSA BRINCADEIRA.

ANTOAKYIRE

- NO BRASIL, COMO A BRINCADEIRA PARECIDA COM O ANTOAKYIRE É CONHECIDA?

  ☐ PEGA-PEGA         ☐ CORRE-CUTIA

**3** LEIA O TEXTO A SEGUIR COM O PROFESSOR. DEPOIS, COMPARE AS FOTOS E FAÇA O QUE SE PEDE.

> NO ANTIGO ITAIM BIBI PODÍAMOS EXPLORAR OS CAMINHOS, FREQUENTAR AS CASAS E OS QUINTAIS DOS AMIGOS E VIZINHOS, BRINCAR NA RUA, SUBIR EM ÁRVORES, DESCOBRIR A IMAGINAÇÃO [...].
>
> NEREIDE S. SANTA ROSA. ITAIM BIBI: MEU BAIRRO, MINHA HISTÓRIA. EM: JAILSON LIMA DA SILVA (ORG.). *CONCURSO LITERÁRIO*: HISTÓRIA DO MEU BAIRRO, HISTÓRIA DO MEU MUNICÍPIO. SÃO PAULO: ARTE & CIÊNCIA, 2006. P. 116.

▲ BAIRRO DO ITAIM BIBI, NO MUNICÍPIO DE SÃO PAULO, EM DUAS ÉPOCAS DIFERENTES. À ESQUERDA, RUA HELOÍSA, EM 1951. À DIREITA, AVENIDA BRIGADEIRO FARIA LIMA, EM 2019.

**A.** MARQUE COM UM ✗ A FOTO QUE RETRATA O ITAIM BIBI NA ÉPOCA EM QUE A AUTORA MOROU NO BAIRRO.

**B.** OBSERVE A FOTO DO ITAIM BIBI DE 2019. O JEITO DE BRINCAR DESCRITO NO TEXTO SERIA POSSÍVEL HOJE NESSE LUGAR? POR QUÊ?

## CAPÍTULO 3

# TODOS TEMOS HISTÓRIA

DESDE QUE NASCEU, VOCÊ JÁ VIVEU MUITOS MOMENTOS. TUDO O QUE VOCÊ APRENDEU ATÉ AGORA FAZ PARTE DA SUA HISTÓRIA DE VIDA. ESSA HISTÓRIA PODE SER CONHECIDA DE DIVERSAS FORMAS.

## PARA COMEÇO DE CONVERSA

1. QUE LEMBRANÇA ESTÁ SENDO RETRATADA NESSA IMAGEM? COMO ESSE MOMENTO FOI REGISTRADO?

2. COMO AS LEMBRANÇAS AJUDAM A CONTAR A HISTÓRIA DE ALGUÉM?

3. COM DOIS COLEGAS DE TURMA, ESCOLHA UM MOMENTO QUE VOCÊS VIVERAM JUNTOS E FAÇA UM DESENHO QUE REPRESENTE ESSA LEMBRANÇA.

SABER SER

◂ CRIANÇAS INDÍGENAS DA ETNIA GUARANI MBYA BRINCANDO EM UM RIO EM SÃO PAULO, 2017.

# O ESTUDO DA HISTÓRIA

OBSERVE A SALA DE AULA ONDE VOCÊ ESTÁ. NOTE COMO AS MESAS ESTÃO ORGANIZADAS, QUEM DÁ AS AULAS, QUE TIPO DE ROUPA VOCÊ E OS COLEGAS USAM.

HÁ CERCA DE CEM ANOS, AS ESCOLAS ERAM BEM DIFERENTES DAS ESCOLAS ATUAIS.

OBSERVE ESTA FOTO E VEJA AS PISTAS QUE ELA FORNECE SOBRE UM DOS TIPOS DE SALA DE AULA DO PASSADO.

SALA DE AULA DA ESCOLA JOSÉ PEDRO VARELA, NO MUNICÍPIO DO RIO DE JANEIRO, POR VOLTA DE 1923.

**1** AGORA, RESPONDA ÀS QUESTÕES SOBRE A FOTO.

**A.** O QUE MAIS CHAMOU SUA ATENÇÃO NELA?

**B.** QUE SEMELHANÇAS E DIFERENÇAS VOCÊ PERCEBE ENTRE A SALA DE AULA DA FOTO E A SUA SALA DE AULA?

**2** COMPLETE AS FRASES COM UMA DAS INFORMAÇÕES APRESENTADAS NOS QUADROS ABAIXO.

**A.** A SALA DE AULA DA FOTO ERA _____.

MISTA    SÓ DE MENINOS    SÓ DE MENINAS

**B.** AS MESAS ESTÃO ORGANIZADAS EM _____.

CÍRCULO    TRIÂNGULO    FILEIRAS

## HISTÓRIA E HISTORIADOR

ESTUDAR O PASSADO, OBSERVANDO O QUE MUDOU E TAMBÉM O QUE SE MANTEVE AO LONGO DO TEMPO, NOS AJUDA A ENTENDER O PRESENTE.

POR EXEMPLO, PARA COMPREENDER MELHOR AS ESCOLAS ATUAIS, PROCURAMOS SABER O QUE MUDOU E O QUE PERMANECEU NELAS AO LONGO DOS ANOS.

ESSE É O TRABALHO DO HISTORIADOR. ELE É O PROFISSIONAL QUE PESQUISA E ANALISA AS SOCIEDADES DE DIFERENTES ÉPOCAS E LUGARES, ESTUDANDO AS DIVERSAS PISTAS DEIXADAS POR ESSAS SOCIEDADES.

**3** OBSERVE ESTAS IMAGENS.

▲ CRIANÇAS BRINCANDO NA PRAIA EM BALNEÁRIO CAMBORIÚ, SANTA CATARINA. FOTO DE 2020.

▲ RAMSAY R. REINAGLE. *CRIANÇAS BRINCANDO NA PRAIA*, 1830. ÓLEO SOBRE TELA.

- PINTE DE **AMARELO** A FRASE CORRETA.

> AS DUAS IMAGENS RETRATAM CRIANÇAS NA PRAIA.

> AS DUAS IMAGENS SÃO DA MESMA ÉPOCA.

> A IMAGEM **B** RETRATA A ÉPOCA MAIS ATUAL.

**4** QUE PISTAS VOCÊ USOU PARA IDENTIFICAR A FRASE CORRETA?

## MEDINDO O TEMPO

PARA MARCAR AS HORAS OU SABER QUANTO TEMPO FALTA PARA TERMINAR A AULA, USAMOS O RELÓGIO. MAS, ANTES DA INVENÇÃO DO RELÓGIO, COMO ERA POSSÍVEL ACOMPANHAR A PASSAGEM DO TEMPO?

OBSERVANDO A NATUREZA, AS PESSOAS ENCONTRARAM MANEIRAS DE MARCAR A PASSAGEM DO TEMPO.

ELAS COMEÇARAM A OBSERVAR A POSIÇÃO DO SOL, AS APARÊNCIAS DA LUA, A MUDANÇA DA PAISAGEM EM ÉPOCAS DE CALOR OU FRIO, ETC.

DEPOIS, DIVERSOS POVOS INVENTARAM INSTRUMENTOS PARA MEDIR A PASSAGEM DO TEMPO. VEJA ALGUMAS DESSAS INVENÇÕES.

▲ AMPULHETA. MEDE CURTOS PERÍODOS DE TEMPO, INDICADOS PELA PASSAGEM DA AREIA DE UM LADO PARA O OUTRO DO RECIPIENTE.

▲ RELÓGIO DE SOL. A LUZ DO SOL BATE NA HASTE E PROJETA UMA SOMBRA QUE INDICA A HORA DO DIA. O RELÓGIO DA FOTO SE ENCONTRA EM BRASÍLIA, DISTRITO FEDERAL. FOTO DE 2019.

**1** EM UM DIA NUBLADO, É POSSÍVEL SABER AS HORAS UTILIZANDO UM RELÓGIO DE SOL? POR QUÊ?

**2** COMO VOCÊ MARCARIA O TEMPO SEM USAR O RELÓGIO?

## CALENDÁRIOS

OS CALENDÁRIOS FORAM INVENTADOS PARA ATENDER À NECESSIDADE DO SER HUMANO DE MARCAR A PASSAGEM DO TEMPO.

AO LONGO DA HISTÓRIA, DIVERSOS POVOS CRIARAM CALENDÁRIOS DE ACORDO COM AS OBSERVAÇÕES QUE FAZIAM DA NATUREZA E COM OS ACONTECIMENTOS IMPORTANTES PARA ELES.

O **CALENDÁRIO CRISTÃO**, POR EXEMPLO, SE BASEIA NAS OBSERVAÇÕES DO SOL E DA LUA. O ANO 1 DESSE CALENDÁRIO É O ANO EM QUE SE CALCULA QUE TENHA NASCIDO JESUS CRISTO.

OBSERVE O CALENDÁRIO A SEGUIR.

▲ CALENDÁRIO DO ANO DE 2023.

**3** PINTE AS SEGUINTES DATAS NO CALENDÁRIO, DE ACORDO COM AS CORES ABAIXO.

🟦 DATA DE HOJE.   🟩 DATA DE SEU ANIVERSÁRIO.

## TEMPO E HISTÓRIA

PODEMOS PERCEBER TAMBÉM A PASSAGEM DO TEMPO PELOS FATOS E PELAS MUDANÇAS QUE ACONTECEM EM NOSSA VIDA. OBSERVE AS FOTOS DE LUANA.

▲ EM 2016, LUANA NASCEU. ALGUNS MESES DEPOIS, JÁ CONSEGUIA FICAR SENTADA.

▲ EM 2017, COM 1 ANO, LUANA APRENDEU A ANDAR, MAS AINDA NÃO FALAVA.

▲ EM 2020, AOS 4 ANOS, LUANA FOI PARA A ESCOLA DE EDUCAÇÃO INFANTIL. PRIMEIRO DIA DE AULA!

▲ EM 2023, LUANA TEM 7 ANOS. ELA GOSTA MUITO DE JOGAR FUTEBOL COM OS COLEGAS DA ESCOLA.

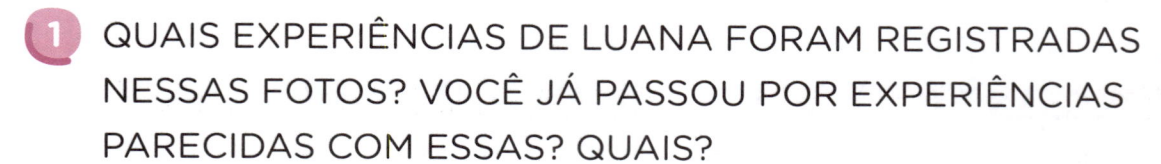

**1** QUAIS EXPERIÊNCIAS DE LUANA FORAM REGISTRADAS NESSAS FOTOS? VOCÊ JÁ PASSOU POR EXPERIÊNCIAS PARECIDAS COM ESSAS? QUAIS?

### PARA EXPLORAR

***AGORA*, DE ALAIN SERRES. TRADUÇÃO DE MARCOS BAGNO. ILUSTRAÇÕES DE OLIVIER TALLEC. EDIÇÕES SM (COLEÇÃO BARCO A VAPOR).**

O LIVRO REÚNE UMA SÉRIE DE HISTÓRIAS SOBRE ACONTECIMENTOS DO COTIDIANO E TRANSFORMAÇÕES QUE OCORREM AO LONGO DO TEMPO NA VIDA DAS PESSOAS, SOB O PONTO DE VISTA DE UMA CRIANÇA.

## LINHA DO TEMPO

A **LINHA DO TEMPO** É UMA MANEIRA DE ORGANIZAR OS ACONTECIMENTOS EM UMA SEQUÊNCIA DE DATAS.

ESSES ACONTECIMENTOS PODEM AJUDAR A CONTAR A HISTÓRIA DE UMA PESSOA OU DE UM GRUPO DE PESSOAS, DE UM BAIRRO, ETC. VEJA A LINHA DO TEMPO DA VIDA DE LUANA.

**LINHA DO TEMPO DA LUANA**

| 2016 | 2017 | 2018 | 2019 | 2020 | 2021 | 2022 | 2023 |
|---|---|---|---|---|---|---|---|
| LUANA NASCEU E, ALGUNS MESES DEPOIS, CONSEGUIU FICAR SENTADA. | LUANA TINHA 1 ANO E COMEÇOU A ANDAR. | | | LUANA TINHA 4 ANOS E COMEÇOU A FREQUENTAR A ESCOLA DE EDUCAÇÃO INFANTIL. | | | LUANA TEM 7 ANOS E GOSTA DE JOGAR FUTEBOL COM OS COLEGAS DA ESCOLA. |

**2.** AGORA, VOCÊ VAI FAZER A LINHA DO TEMPO DA SUA VIDA. COM A ORIENTAÇÃO DO PROFESSOR, SIGA AS ETAPAS ABAIXO.

- CONVERSE COM OS ADULTOS QUE VIVEM COM VOCÊ SOBRE ACONTECIMENTOS IMPORTANTES DA SUA VIDA. ANOTE NO CADERNO PELO MENOS UM ACONTECIMENTO PARA CADA ANO DE VIDA.

- EM UMA FOLHA DE PAPEL EM BRANCO, TRACE UMA LINHA RETA. DESENHE, NA PARTE SUPERIOR DA LINHA, UM QUADRINHO PARA CADA ANO DE VIDA. ESCREVA O NÚMERO DE CADA ANO NO RESPECTIVO QUADRINHO.

- NA PARTE INFERIOR DA LINHA, DESENHE OS QUADROS ONDE VOCÊ VAI ESCREVER OS ACONTECIMENTOS, PASSANDO A LIMPO AS ANOTAÇÕES DO CADERNO.

- AFIXE SUA LINHA DO TEMPO NO MURAL DA SALA DE AULA E OBSERVE AS LINHAS DO TEMPO DOS COLEGAS.

## VOCÊ TEM HISTÓRIA

TUDO O QUE VOCÊ ANOTOU EM SUA LINHA DO TEMPO FAZ PARTE DA SUA HISTÓRIA.

ELA TAMBÉM PODE SER CONTADA POR MEIO DE DOCUMENTOS HISTÓRICOS, COMO FOTOS, VÍDEOS, ROUPAS, BRINQUEDOS, ENTRE OUTROS.

HÁ, AINDA, OS **DOCUMENTOS OFICIAIS**, COMO A CARTEIRA DE IDENTIDADE E A CERTIDÃO DE NASCIMENTO.

> **DOCUMENTO OFICIAL:** DOCUMENTO EMITIDO POR ÓRGÃOS COMO A SECRETARIA DE SEGURANÇA PÚBLICA, OS CARTÓRIOS DE REGISTROS, ENTRE OUTROS.

REPRODUÇÃO DA FRENTE DE UMA CERTIDÃO DE NASCIMENTO.

**1** OS NOMES DE QUAIS PARENTES APARECEM NA CERTIDÃO DE NASCIMENTO? MARQUE COM UM **X**.

☐ TIOS  ☐ PAIS  ☐ AVÓS  ☐ PRIMOS

**2** QUE OUTROS DOCUMENTOS OFICIAIS PODEM AJUDAR A CONTAR SUA HISTÓRIA?

## OBJETOS PESSOAIS

OS OBJETOS QUE VOCÊ USA NO DIA A DIA TAMBÉM AJUDAM A CONTAR A HISTÓRIA.

A FORMA COMO ELES SÃO UTILIZADOS, OS MATERIAIS USADOS PARA FAZÊ-LOS E O MODO COMO SÃO FEITOS VÃO MUDANDO COM O PASSAR DO TEMPO.

ESTA MOEDA DE PRATA FOI ENCONTRADA EM 2013 EM ESCAVAÇÕES REALIZADAS NO MUNICÍPIO DO RIO DE JANEIRO. ELA FOI FEITA HÁ QUASE 150 ANOS.

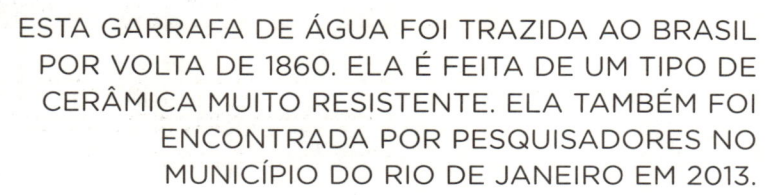

ESTA GARRAFA DE ÁGUA FOI TRAZIDA AO BRASIL POR VOLTA DE 1860. ELA É FEITA DE UM TIPO DE CERÂMICA MUITO RESISTENTE. ELA TAMBÉM FOI ENCONTRADA POR PESQUISADORES NO MUNICÍPIO DO RIO DE JANEIRO EM 2013.

ESTA ESCOVA DE DENTES ERA USADA HÁ MAIS DE CENTO E CINQUENTA ANOS NO BRASIL. ELA FOI ENCONTRADA POR PESQUISADORES EM 2013 NO MUNICÍPIO DO RIO DE JANEIRO. OS BURACOS NA PARTE DE CIMA SÃO OS LOCAIS ONDE FICAVAM AS CERDAS, QUE ERAM FEITAS DE PELO DE PORCO.

COM A ESCOVA, FOI ENCONTRADA ESSA CAIXA DE PASTA DE DENTES. A CAIXA É DE LOUÇA, E A PASTA ERA BEM DIFERENTE DO CREME DENTAL QUE CONHECEMOS HOJE. MAS OS SABORES NÃO DIFERIAM MUITO: CEREJA E HORTELÃ-PIMENTA.

**3** COMO ESSES OBJETOS SÃO ATUALMENTE? DESCREVA-OS.

**4** VOCÊ E SUA FAMÍLIA COSTUMAM USAR OBJETOS COMO ESSES? EM QUAIS SITUAÇÕES?

# APRENDER SEMPRE

**1** ESTAS IMAGENS MOSTRAM MOMENTOS DA HISTÓRIA DE ALGUMAS PESSOAS. OBSERVE TODAS ELAS COM ATENÇÃO E LEIA AS LEGENDAS.

▲ **A** FAMÍLIA FAZENDO REFEIÇÃO NO MUNICÍPIO DE SÃO CAETANO DO SUL, SÃO PAULO. FOTO DE 2019.

▲ **B** ESTUDANTES PROTESTAM POR MELHORIAS NA EDUCAÇÃO PÚBLICA NO MUNICÍPIO DE CURITIBA, PARANÁ. FOTO DE 2019.

◀ **C** CERTIFICADO DE 1º LUGAR EM UM CONCURSO ESCOLAR REALIZADO EM 2013 NO MUNICÍPIO DE SANTA MARIA, RIO GRANDE DO SUL.

▶ **D** CARTEIRA DE IDENTIDADE DO IMIGRANTE ITALIANO GIOVANNI LANDI, EMITIDA EM 1926.

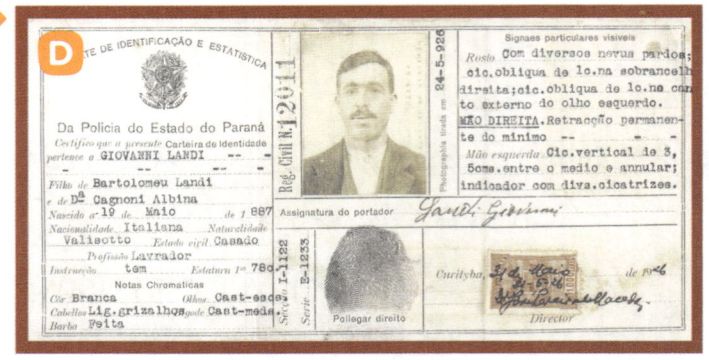

- AGORA, RELACIONE CADA UMA DESSAS IMAGENS COM UMA FRASE ABAIXO. PARA ISSO, ESCREVA NO QUADRINHO AO LADO DA FRASE A LETRA QUE IDENTIFICA A FOTO.

  ☐ REGISTRO DE UM ACONTECIMENTO DA VIDA ESCOLAR DE UMA PESSOA.

  ☐ REGISTRO DE IDENTIDADE DE UMA PESSOA.

  ☐ REGISTRO DO DIA A DIA DE UMA FAMÍLIA.

  ☐ REGISTRO DE UM EVENTO EM GRUPO.

**2** QUE OBJETOS DE MEDIÇÃO DE TEMPO VOCÊ COSTUMA UTILIZAR EM SUA CASA? E NA ESCOLA?

**3** QUANDO MARCAMOS UM COMPROMISSO COM ALGUÉM, É COMUM COMBINAR TAMBÉM UM HORÁRIO. VOCÊ COSTUMA CUMPRIR O HORÁRIO QUE FOI COMBINADO? VOCÊ É PONTUAL OU DEIXA AS PESSOAS ESPERANDO?

**4** MUITAS COISAS ACONTECEM AO MESMO TEMPO. ENQUANTO VOCÊ ESTÁ NA SALA DE AULA, O QUE ESTÃO FAZENDO:

**A.** OS FUNCIONÁRIOS DA ESCOLA?

**B.** OS ADULTOS QUE MORAM COM VOCÊ?

**5** PEÇA A UM ADULTO DE SUA FAMÍLIA QUE MOSTRE A VOCÊ A SUA CERTIDÃO DE NASCIMENTO. COM CUIDADO, ENCONTRE NESSE DOCUMENTO AS INFORMAÇÕES A SEGUIR. DEPOIS, ANOTE O QUE É SOLICITADO.

**A.** SEU NOME COMPLETO.

_____

**B.** LOCAL E HORÁRIO EM QUE VOCÊ NASCEU.

_____

**C.** LOCAL E DIA EM QUE O REGISTRO DA CERTIDÃO FOI FEITO.

_____

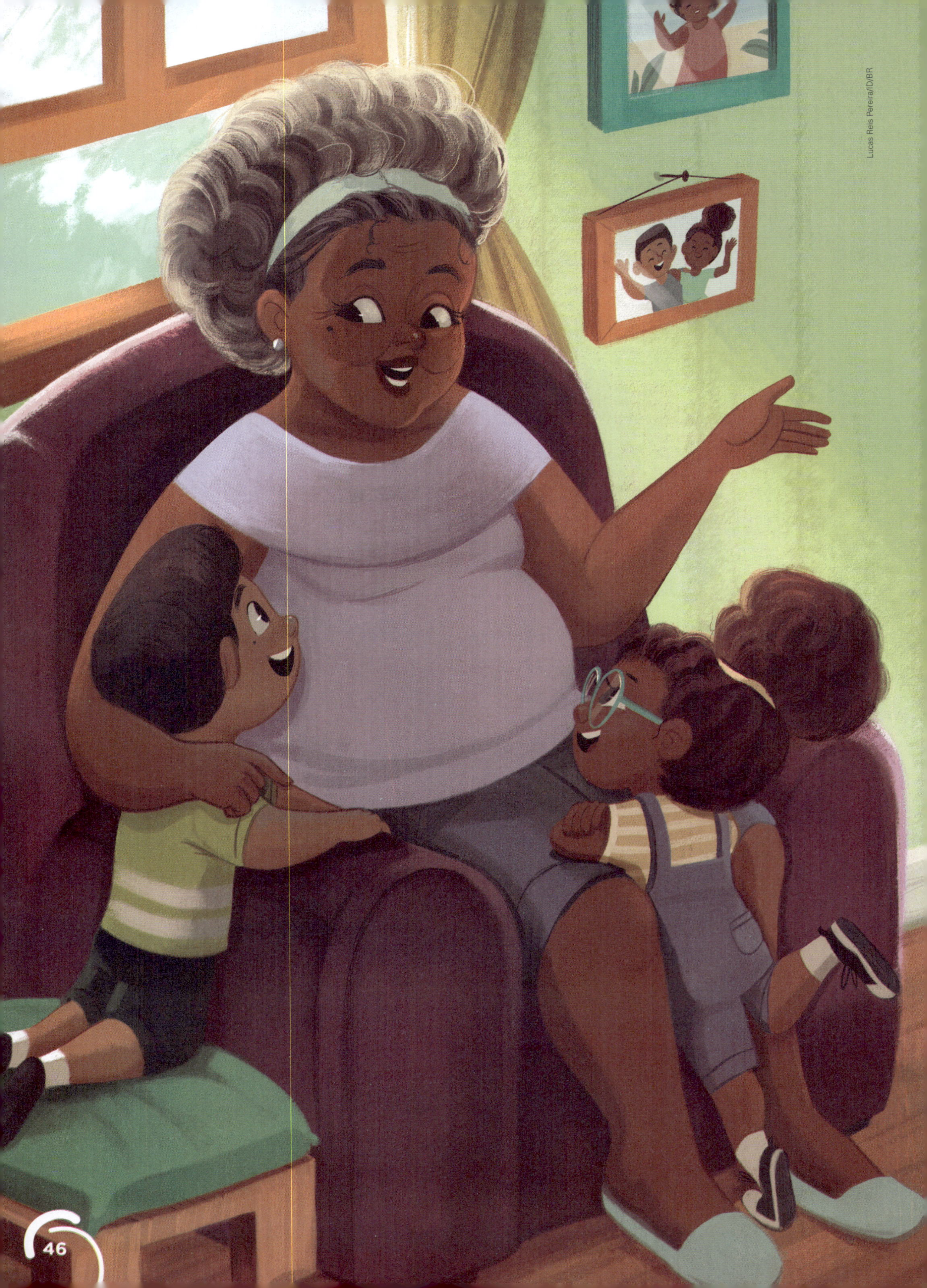

Lucas Reis Pereira/ID/BR

## CAPÍTULO 4

# MUITAS FAMÍLIAS, MUITAS HISTÓRIAS

Cada família tem um jeito, uma forma de se organizar e de fazer as atividades do dia a dia. Esses hábitos e costumes, assim como as histórias dos membros da família, geralmente são ensinados dos mais velhos para os mais novos.

### PARA COMEÇO DE CONVERSA

1. O que está acontecendo nessa cena?

2. Em sua família, existe alguém que gosta de contar histórias?

3. As famílias se organizam de diferentes formas. Como é a da sua família?

*SABER SER*

◂ Mulher contando histórias para crianças.

# CADA FAMÍLIA TEM UM JEITO E UM TAMANHO

AS FAMÍLIAS PODEM SER PARECIDAS, MAS SE ORGANIZAM DE DIFERENTES FORMAS. OBSERVE AS FOTOS ABAIXO.

**1** CADA FRASE A SEGUIR ESTÁ RELACIONADA A UMA DAS FOTOS. ESCREVA A LETRA DA FOTO AO LADO DA FRASE CORRESPONDENTE.

☐ EXISTEM FAMÍLIAS FORMADAS POR PAI, MÃE E FILHOS.

☐ EXISTEM FAMÍLIAS SÓ COM PAI E FILHOS OU SÓ COM MÃE E FILHOS.

☐ EXISTEM FAMÍLIAS QUE NÃO TÊM FILHOS.

☐ TAMBÉM EXISTEM FAMÍLIAS EM QUE OS NETOS E AS NETAS VIVEM COM OS AVÓS.

☐ EXISTEM FAMÍLIAS EM QUE AVÓS, NETOS, TIOS E PRIMOS VIVEM JUNTOS.

## MUITOS POVOS, MUITOS TIPOS DE FAMÍLIA

A FORMA COMO AS FAMÍLIAS DE DIVERSOS POVOS, EM ÉPOCAS DIFERENTES, SE ORGANIZAM É BASTANTE VARIADA.

O TEXTO A SEGUIR É SOBRE AS FAMÍLIAS DE DOIS POVOS INDÍGENAS: OS **KAINGANG** E OS **TAPAYUNA**.

> **KAINGANG:** POVO INDÍGENA QUE VIVE NOS ESTADOS DE SÃO PAULO, PARANÁ, SANTA CATARINA E RIO GRANDE DO SUL.
> **TAPAYUNA:** POVO INDÍGENA QUE VIVE NO ESTADO DO MATO GROSSO.

EM UMA CASA KAINGANG [...], O NÚCLEO FAMILIAR É FORMADO POR "UMA MÃE VELHA", QUE SERIA UMA ESPÉCIE DE **MATRIARCA**, E UMA REDE DE MULHERES: FILHAS, NORAS, NETAS E **AGREGADAS**.

"ESSAS MULHERES SE CUIDAM E SE APOIAM [...]", CONTA A [...] KAINGANG JOZILÉIA DANIZA JACODSEN (YAKIXO). ESSE APOIO INCLUI IR PRA ROÇA, COZINHAR, CUIDAR DAS CRIANÇAS E DA CASA, AMAMENTAR OS BEBÊS UMAS DAS OUTRAS, PRODUZIR O ARTESANATO... CONVERSAR.

[...] OS TAPAYUNA [...] USAM A MESMA PALAVRA PARA DENOMINAR "PAI" E "TIO". É COMO SE AMBOS FOSSEM PAIS DA CRIANÇA IGUALMENTE.

MEMBROS DE UMA FAMÍLIA KAINGANG EM TENENTE PORTELA, RIO GRANDE DO SUL. FOTO DE 2014.

> **MATRIARCA:** MULHER RESPONSÁVEL POR UM GRUPO DE PESSOAS.
> **AGREGADO:** QUEM VIVE COM UMA FAMÍLIA COMO SE FOSSE UM PARENTE PRÓXIMO.

ANDRESSA DREHER. MATERNIDADE INDÍGENA: COMO AS INDÍGENAS VIVENCIAM O PARTO, A AMAMENTAÇÃO E A CRIAÇÃO DOS FILHOS. *REVISTA AZMINA*, 28 NOV. 2016. DISPONÍVEL EM: http://azmina.com.br/2016/11/as-criancas-indigenas-que-sao-filhas-de-toda-uma-comunidade/. ACESSO EM: 1º MAR. 2021.

**2** QUE COSTUMES DOS KAINGANG E DOS TAPAYUNA SÃO CITADOS NO TEXTO? ALGUM DELES É PARECIDO COM UM COSTUME QUE VOCÊ TEM? QUAL?

# A FAMÍLIA NO TEMPO

PARA OS ROMANOS ANTIGOS, QUE VIVERAM HÁ CERCA DE DOIS MIL ANOS, A PALAVRA **FAMÍLIA** SIGNIFICAVA UM GRUPO FORMADO POR UM HOMEM, O CHEFE DA FAMÍLIA, POR TODAS AS PESSOAS QUE DEPENDIAM DELE E POR SEUS BENS. ESPOSA, FILHOS, TRABALHADORES DE SUAS TERRAS, ANIMAIS (CACHORROS, BOIS, CAVALOS), MÓVEIS, CASA E CARROÇAS FAZIAM PARTE DA FAMÍLIA.

HOJE, EXISTEM MUITOS TIPOS DE FAMÍLIA. NÃO É APENAS O PARENTESCO QUE UNE AS PESSOAS DE UMA FAMÍLIA. AFETO, CARINHO, COSTUMES E HISTÓRIAS EM COMUM TAMBÉM SÃO ELEMENTOS DE UNIÃO.

DETALHE DE UMA SEPULTURA ROMANA FEITA HÁ CERCA DE DOIS MIL ANOS. ELA RETRATA UMA FAMÍLIA ROMANA. ▶

**1** PINTE DE **LARANJA** OS QUADRINHOS DAS FRASES QUE ESTÃO DE ACORDO COM O TEXTO.

☐ AFETO E CARINHO TAMBÉM UNEM AS PESSOAS DE UMA FAMÍLIA.

☐ AS FAMÍLIAS SE ORGANIZAM DE DIFERENTES MODOS.

☐ A FORMA DE ORGANIZAÇÃO DAS FAMÍLIAS SEMPRE FOI A MESMA.

**2** NA OPINIÃO DE VOCÊS, QUE DIFERENÇAS HÁ ENTRE A IDEIA DE FAMÍLIA PARA OS ROMANOS ANTIGOS E A IDEIA ATUAL DE FAMÍLIA?

## CADA FAMÍLIA TEM UMA HISTÓRIA

OS ACONTECIMENTOS E OS COSTUMES DAS FAMÍLIAS FAZEM PARTE DA HISTÓRIA DELAS. ELES PODEM SER LEMBRADOS E TRANSMITIDOS POR VÁRIAS GERAÇÕES.

**3** LEIA UM TRECHO DO RELATO DE DONA MESSIAS ANDRADE DE JESUS, QUE NASCEU EM CURUÇÁ, NA BAHIA, EM 1930.

> MEU PAI ERA PESCADOR [...] MAS A GENTE FOI MAIS NA ROÇA. ALI ELE PLANTAVA MANDIOCA, A GENTE AJUDAVA. TUDO QUE PLANTAVA ALI, A GENTE AJUDAVA. VIVIA DE ROÇA E DE PESCARIA. AÍ A GENTE TOCAVA OS BOIS NO PÉ DO ENGENHO PRA PODER MOER A CANA [...].
>
> [...] DE MANHÃ VINHA TIRAR LEITE PARA O POVO TOMAR CAFÉ [...]. EU GOSTAVA MUITO DESSES TRABALHOS.

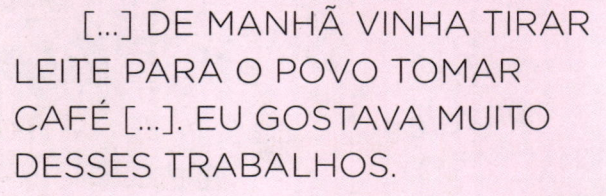

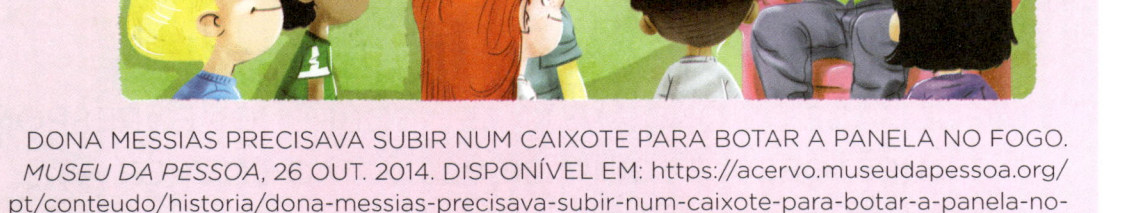

DONA MESSIAS PRECISAVA SUBIR NUM CAIXOTE PARA BOTAR A PANELA NO FOGO. *MUSEU DA PESSOA*, 26 OUT. 2014. DISPONÍVEL EM: https://acervo.museudapessoa.org/pt/conteudo/historia/dona-messias-precisava-subir-num-caixote-para-botar-a-panela-no-fogo-95598. ACESSO EM: 24 JUN. 2022.

**A.** SOBRE QUAL PARENTE DONA MESSIAS FALA NO INÍCIO DO RELATO?

**B.** QUE ATIVIDADES ELA REALIZAVA PARA AJUDAR O PAI?

### PARA EXPLORAR

*VIVA: A VIDA É UMA FESTA*. DIREÇÃO: LEE UNKRICH. ESTADOS UNIDOS, 2017 (105 MIN).

PARA SE TORNAR UM GRANDE MÚSICO, MIGUEL EMBARCA EM UMA JORNADA PARA CONHECER AS HISTÓRIAS E OS COSTUMES DE SUA FAMÍLIA.

## OS SOBRENOMES

AO NASCER, RECEBEMOS O SOBRENOME DA FAMÍLIA. MAS NEM SEMPRE FOI ASSIM. NO PASSADO, ERA COMUM TERMOS APENAS O PRIMEIRO NOME. AO LONGO DO TEMPO, AS FAMÍLIAS COMEÇARAM A SER IDENTIFICADAS PELOS SOBRENOMES.

EXISTEM SOBRENOMES DE VÁRIAS ORIGENS. HÁ AQUELES QUE SÃO NOMES DE ÁRVORES, COMO PEREIRA E OLIVEIRA. HÁ TAMBÉM NOMES DE LUGARES, COMO BRAGA, QUE É UMA CIDADE DE PORTUGAL. PORÉM, MUITAS VEZES, É DIFÍCIL SABER A ORIGEM DE UM SOBRENOME.

**4.** VOCÊ SABE DE ONDE VEIO SEU SOBRENOME? RESPONDA ÀS QUESTÕES A SEGUIR. SE VOCÊ NÃO SOUBER AS RESPOSTAS, PERGUNTE A UM ADULTO DE SUA FAMÍLIA.

**A.** QUAL É SEU SOBRENOME?

**B.** NO GRUPO DE PESSOAS COM QUEM VOCÊ VIVE, QUE PESSOAS MAIS VELHAS TÊM O SOBRENOME IGUAL AO SEU?

**C.** PERGUNTE ÀS PESSOAS MAIS VELHAS QUE MORAM COM VOCÊ SE ELAS CONHECEM A ORIGEM DO SEU SOBRENOME. COMPARTILHE SUAS DESCOBERTAS COM OS COLEGAS DE TURMA.

## REGISTROS

### FOTOS DE FAMÍLIA

É COMUM AS PESSOAS SEREM FOTOGRAFADAS EM REUNIÕES FAMILIARES, COMO CASAMENTOS, PASSEIOS, ETC. ESSES MOMENTOS FICAM REGISTRADOS NAS FOTOS!

ESSAS FOTOS GUARDAM A HISTÓRIA DA FAMÍLIA. ELAS TAMBÉM FORNECEM INFORMAÇÕES DE UMA ÉPOCA: COMO ERAM AS FAMÍLIAS E COMO VIVIAM, QUAIS ERAM AS DIVERSÕES, COMO ERAM AS ROUPAS, ETC.

OBSERVE AS FOTOS A SEGUIR.

▲ LUÍS E ANA OLIVEIRA, 1915.

▲ FAMÍLIA OLIVEIRA, 1935.

**1** EM 1915, QUANTAS PESSOAS FORMAVAM A FAMÍLIA OLIVEIRA?

_____

**2** E EM 1935?

_____

**3** QUE DETALHES PODEM INDICAR QUE ESSAS FOTOS NÃO SÃO ATUAIS?

**4** EM SUA OPINIÃO, O QUE A FAMÍLIA OLIVEIRA ESTAVA FAZENDO NOS DIAS EM QUE FOI FOTOGRAFADA? ESCOLHA UMA DAS FOTOS E CRIE UMA PEQUENA HISTÓRIA PARA ELA. DEPOIS, CONTE ESSA HISTÓRIA AOS COLEGAS.

## VAMOS LER IMAGENS!

## FAMÍLIAS DE UM PASSADO DISTANTE

VOCÊ JÁ SABE QUE AS LEGENDAS TRAZEM IMPORTANTES INFORMAÇÕES SOBRE AS IMAGENS. AGORA, VAMOS EXPLORAR UMA DESSAS INFORMAÇÕES: AS DATAS.

A IMAGEM ABAIXO MOSTRA UMA FAMÍLIA EGÍPCIA QUE VIVEU HÁ MUITO TEMPO. O POVO DO EGITO ANTIGO HABITAVA TERRITÓRIOS DO NORTE DA ÁFRICA.

**A**

**MONUMENTO** DE PEDRA FEITO HÁ MAIS DE QUATRO MIL ANOS. ELE REPRESENTA A FAMÍLIA DO **FARAÓ** AKHENATON, DO EGITO ANTIGO. ATUALMENTE, ESSE MONUMENTO SE ENCONTRA NO MUSEU EGÍPCIO, EM BERLIM, NA ALEMANHA.

Prisma/UIG/Getty Images

A LEGENDA DESSA FOTO INFORMA QUANDO O MONUMENTO DE PEDRA FOI FEITO (HÁ QUATRO MIL ANOS) E EM QUAL PAÍS ELE SE ENCONTRA ATUALMENTE (ALEMANHA).

**MONUMENTO:** OBRA, COMO UMA ESCULTURA, FEITA EM HOMENAGEM A UMA PESSOA, A UM GRUPO OU A UM ACONTECIMENTO. GERALMENTE, O MONUMENTO É COLOCADO EM LOCAIS PÚBLICOS.
**FARAÓ:** COMO ERA CHAMADO O REI NO EGITO ANTIGO.

## AGORA É A SUA VEZ

**1** DE ACORDO COM A IMAGEM, QUANTAS CRIANÇAS FAZIAM PARTE DA FAMÍLIA DO FARAÓ AKHENATON? E QUANTOS ADULTOS? ANOTE AS QUANTIDADES NOS QUADRINHOS.

☐ CRIANÇAS ☐ ADULTOS

**2** O MONUMENTO EM QUE FOI REPRESENTADA A FAMÍLIA DE AKHENATON É ANTIGO OU É RECENTE? E A FOTO DESSE MONUMENTO? RESPONDA LIGANDO OS QUADROS.

| MONUMENTO DE PEDRA | RECENTE |
| FOTO | ANTIGO |

**3** OBSERVE ESTA OBRA. ELA RETRATA UMA FAMÍLIA DA ROMA ANTIGA.

DETALHE DE UM ALTAR ROMANO FEITO HÁ MAIS DE DOIS MIL ANOS. ELE MOSTRA PARTE DA FAMÍLIA DO IMPERADOR ROMANO AUGUSTO. ATUALMENTE, ESSE ALTAR SE ENCONTRA NO MUSEU ARA PACIS, EM ROMA, NA ITÁLIA.

**A.** QUANDO O ALTAR FOI CONSTRUÍDO? _____

**B.** EM QUAL PAÍS ELE SE ENCONTRA ATUALMENTE? _____

**4** COMPARE AS IMAGENS **A** E **B**. QUAL FAMÍLIA ANTIGA, APARENTEMENTE, ERA MAIS NUMEROSA, A EGÍPCIA OU A ROMANA? EXPLIQUE.

CINQUENTA E CINCO 55

## APRENDER SEMPRE

**1** COMPLETE O DIAGRAMA COM OS PARENTESCOS CORRETOS. PARA ISSO, LEIA AS DICAS ANTES DE RESPONDER.

- **A.** ESPOSA DO IRMÃO DO MEU PAI.
- **B.** FILHO DO IRMÃO DA MINHA MÃE.
- **C.** PAI DA MINHA PRIMA.
- **D.** MÃE DA MINHA MÃE.
- **E.** OUTRO FILHO DO MEU PAI.
- **F.** MARIDO DA MINHA IRMÃ.
- **G.** FILHA DO IRMÃO DO MEU PAI.

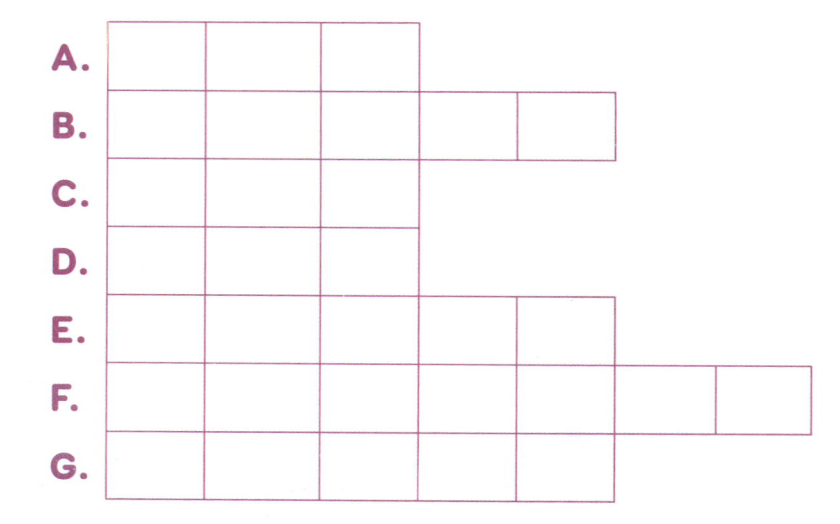

A.

B.

C.

D.

E.

F.

G.

**2** O GRUPO DE PESSOAS QUE VIVE COM VOCÊ É DIFERENTE DO GRUPO QUE VIVE COM SEU COLEGA. E CADA PESSOA DA FAMÍLIA É DE UM JEITO. SOBRE ISSO, RESPONDA:

**SABER SER**

- **A.** EM SUA OPINIÃO, ESSAS DIFERENÇAS PODEM DIFICULTAR O RELACIONAMENTO ENTRE PESSOAS DE UMA FAMÍLIA E DE OUTRA? POR QUÊ?

- **B.** AS PESSOAS QUE FAZEM PARTE DE UMA MESMA FAMÍLIA OU DE UM MESMO GRUPO SÃO DIFERENTES ENTRE SI. CADA UMA TEM GOSTOS, OPINIÕES E MODOS DE PENSAR PRÓPRIOS. ISSO PODE GERAR CONFLITOS. EM SUA OPINIÃO, COMO ESSES CONFLITOS PODEM SER RESOLVIDOS?

**3** AGORA, VOCÊ VAI REPRESENTAR SUA FAMÍLIA OU O GRUPO DE PESSOAS COM QUEM VIVE EM UM PAINEL DE IMAGENS. PARA ISSO, SIGA AS ETAPAS ABAIXO.

- PEÇA AOS ADULTOS COM QUEM VOCÊ VIVE UMA FOTO SUA E UMA FOTO DE CADA PESSOA DA FAMÍLIA. SE NÃO CONSEGUIR NENHUMA, FAÇA UM DESENHO.
- ORGANIZE AS IMAGENS DAS PESSOAS EM ORDEM DECRESCENTE DE IDADE (DO MAIS VELHO PARA O MAIS NOVO).
- COLE AS IMAGENS EM UMA CARTOLINA OU EM UMA FOLHA DE PAPEL PARDO, SEGUINDO A ORDEM DE IDADE.
- EMBAIXO DE CADA FOTO, ESCREVA O NOME DA PESSOA E O GRAU DE PARENTESCO DELA COM VOCÊ, SE HOUVER.
- ENFEITE SEU PAINEL DO JEITO QUE QUISER.
- MOSTRE SEU PAINEL AOS COLEGAS.

▲ PAINEL DA FAMÍLIA DE PEDRO.

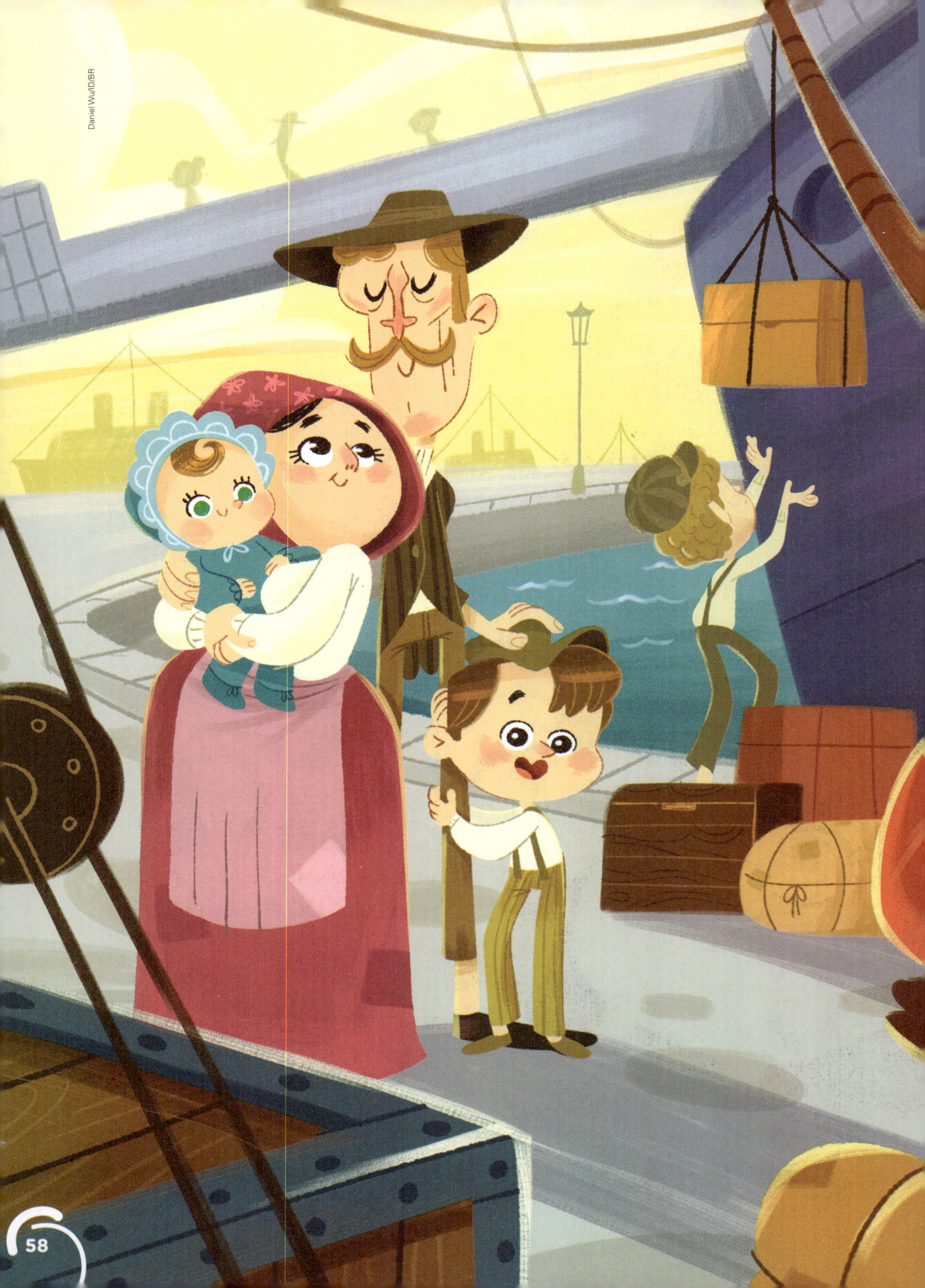
Daniel Wu/ID/BR

## CAPÍTULO 5

# AS FAMÍLIAS BRASILEIRAS

VOCÊ JÁ VIU QUE CADA FAMÍLIA TEM SUA HISTÓRIA. ALÉM DISSO, AS FAMÍLIAS TAMBÉM PODEM TER ORIGENS DIFERENTES: MUITAS FAMÍLIAS BRASILEIRAS SÃO FORMADAS POR PESSOAS QUE VIERAM DE DIFERENTES LUGARES DO BRASIL E DE OUTROS PAÍSES.

## PARA COMEÇO DE CONVERSA

1. POR QUE VOCÊ ACHA QUE AS PESSOAS RETRATADAS NESSA IMAGEM ESTÃO NESSE LUGAR E VESTIDAS DESSA FORMA?

2. VOCÊ CONHECE ALGUMA HISTÓRIA DO PASSADO DE SEUS FAMILIARES? SE SIM, CONTE-A AOS COLEGAS.

3. VOCÊ CONSIDERA ESSAS HISTÓRIAS IMPORTANTES? POR QUÊ?

**SABER SER**

◀ IMIGRANTES CHEGANDO AO BRASIL NO INÍCIO DOS ANOS 1900.

CINQUENTA E NOVE 59

## OS COSTUMES DE CADA FAMÍLIA

CADA FAMÍLIA TEM SUAS HISTÓRIAS, SEUS GOSTOS E SEUS COSTUMES. ELES SÃO PASSADOS DOS MAIS VELHOS AOS MAIS NOVOS. OBSERVE ALGUNS COSTUMES.

▲ FAMÍLIA FAZENDO CHURRASCO EM SANTA MARIA, RIO GRANDE DO SUL. FOTO DE 2019.

▲ FAMÍLIA NO CAMPO EM PONTA PORÃ, MATO GROSSO DO SUL. FOTO DE 2018.

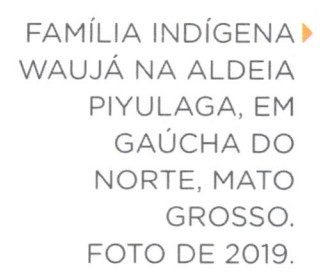

FAMÍLIA INDÍGENA WAUJÁ NA ALDEIA PIYULAGA, EM GAÚCHA DO NORTE, MATO GROSSO. FOTO DE 2019. ▶

**1** SUA FAMÍLIA COSTUMA FAZER ALGO ESPECIAL, DE QUE TODOS GOSTAM MUITO? EM CASO AFIRMATIVO, O QUÊ?

### PARA EXPLORAR

*É TUDO FAMÍLIA!*, DE ALEXANDRA MAXEINER. TRADUÇÃO DE HEDI GNÄDINGER. ILUSTRAÇÕES DE ANKE KUHL. L&PM EDITORES.

AS FAMÍLIAS SÃO DIFERENTES E CADA PESSOA QUE FAZ PARTE DELAS TEM UM JEITO. NESSE LIVRO, CONHEÇA A HISTÓRIA DE UMA FAMÍLIA MUITO GRANDE EM QUE TODOS VÃO TER DE APRENDER A LIDAR COM A DIVERSIDADE.

## RECONHECENDO OS COSTUMES

AS FESTAS, O MODO DE ORGANIZAR A MORADIA, AS BRINCADEIRAS, OS JOGOS E OS PRATOS TÍPICOS SÃO ALGUNS DOS ASPECTOS QUE VARIAM DE FAMÍLIA PARA FAMÍLIA.

**2** VOCÊ VAI IDENTIFICAR ALGUNS COSTUMES DA SUA FAMÍLIA E REALIZAR DOIS REGISTROS SOBRE ELES: ESCREVER UMA FRASE E FAZER UM DESENHO. CASO NÃO SAIBA OS COSTUMES A SEGUIR, PERGUNTE A UM ADULTO DE SUA FAMÍLIA.

**A.** QUAL É A SUA COMEMORAÇÃO FAVORITA EM FAMÍLIA?

**B.** QUAIS ALIMENTOS COSTUMAM SER SERVIDOS DURANTE AS REFEIÇÕES COM SUA FAMÍLIA?

**3** AGORA, TROQUE DE LIVRO COM UM COLEGA E CONHEÇA OS COSTUMES DA FAMÍLIA DELE.

# FAMÍLIAS DE DIFERENTES ORIGENS

AS FAMÍLIAS DO BRASIL TÊM DIFERENTES HISTÓRIAS E ORIGENS. OS POVOS INDÍGENAS FORAM OS PRIMEIROS A MORAR NESTA TERRA. DEPOIS DELES, MUITAS OUTRAS PESSOAS DE DIFERENTES LUGARES DO MUNDO VIERAM VIVER AQUI.

PRIMEIRO, VIERAM OS PORTUGUESES. DEPOIS, OS AFRICANOS FORAM TRAZIDOS À FORÇA PARA TRABALHAR. SÉCULOS MAIS TARDE, CHEGARAM OS ITALIANOS, ALEMÃES, JAPONESES, ÁRABES, ETC. TODOS ELES CONTRIBUÍRAM PARA A FORMAÇÃO DAS FAMÍLIAS BRASILEIRAS. OBSERVE AS FOTOS.

▲ FAMÍLIA NO MUNICÍPIO DO RIO DE JANEIRO. FOTO DE 2020.

▲ FAMÍLIA NO MUNICÍPIO DE SÃO PAULO. FOTO DE 2019.

◄ FAMÍLIA NO MUNICÍPIO DE ILHABELA, SÃO PAULO. FOTO DE 2021.

**1** PINTE DE **AMARELO** O QUADRINHO DA FRASE QUE ESTÁ DE ACORDO COM ESSAS FOTOS.

☐ TODAS AS FAMÍLIAS BRASILEIRAS TÊM A MESMA ORIGEM.

☐ CADA FAMÍLIA ESTÁ ORGANIZADA À SUA MANEIRA E PODE TER ORIGENS DIFERENTES.

## UMA MISTURA DE COSTUMES

AS DIFERENTES ORIGENS CONTRIBUÍRAM PARA A GRANDE DIVERSIDADE DE COSTUMES DAS FAMÍLIAS BRASILEIRAS.

NA RUA, NA ESCOLA, NO TRABALHO, AS PESSOAS SE ENCONTRAM E CONVIVEM. E, NESSA CONVIVÊNCIA, CADA UMA APRENDE ALGO DOS COSTUMES DA OUTRA.

POR EXEMPLO, MUITA GENTE TEM O HÁBITO DE COMER MANDIOCA, QUE É DE ORIGEM INDÍGENA. OU DE COMER CARNE COZIDA COM INHAME, UM LEGUME TRAZIDO PELOS POVOS AFRICANOS. E, DE VEZ EM QUANDO, É MUITO BOM TOMAR SOPA, COMO FAZEM OS PORTUGUESES. VOCÊ GOSTA DE ALGUM DESSES ALIMENTOS?

**2** COMPLETE AS FRASES COM OS NOMES DOS PRATOS RETRATADOS NESTAS FOTOS.

**A.** A _____ É FEITA DE FARINHA DE MANDIOCA. A ORIGEM DESSE ALIMENTO É INDÍGENA.

**B.** O COSTUME DE TOMAR _____ FOI TRAZIDO PELOS PORTUGUESES.

**C.** O _____ É UM PRATO DE ORIGEM ÁRABE.

**D.** O _____ FOI TRAZIDO AO BRASIL PELOS POVOS AFRICANOS.

## FAMÍLIAS DIFERENTES, COSTUMES DIFERENTES

AS DIFERENÇAS DE COSTUMES SÃO MAIS EVIDENTES QUANDO COMPARAMOS OS COSTUMES DE FAMÍLIAS DE POVOS OU DE ÉPOCAS DIFERENTES. O TEXTO A SEGUIR É SOBRE ALGUNS COSTUMES DO POVO SATERÉ-MAWÉ, DO AMAZONAS. VOCÊ JÁ OUVIU FALAR DESSE POVO?

NA COMUNIDADE INDÍGENA RURAL SAHÚ-APÉ, [...] AS CRIANÇAS VIVEM NUM CENÁRIO BASTANTE NATURAL, PRÓXIMO DE SUAS TRADIÇÕES E COSTUMES, ISTO É, RODEADAS POR RIOS [...] E MATAS. CAÇAM E PESCAM COM OS MAIS VELHOS, O QUE A NATUREZA [...] OFERECE, COMO JACARÉ, CUTIA, PEIXES, ENTRE OUTROS [ANIMAIS]. [...]

ELAS PARTICIPAM DA COLHEITA DE MILHO, MANDIOCA E DO PREPARO DA FARINHA. ELAS SABEM IDENTIFICAR AS FRUTAS DA NATUREZA E AQUELAS CULTIVADAS. APRENDEM A ARTE DE ANDAR DE CANOA E [A] ORIENTAR-SE PELO CAMINHO DO MATO.

**CUTIA:** ESPÉCIE DE ANIMAL ROEDOR.

▲ CRIANÇAS DO POVO SATERÉ-MAWÉ FAZENDO ARTESANATO COM LINHAS E SEMENTES NO MUNICÍPIO DE MANAUS, AMAZONAS. FOTO DE 2018.

JOÃO LUIZ DA COSTA BARROS. *BRINCADEIRAS E RELAÇÕES INTERCULTURAIS NA ESCOLA INDÍGENA*: UM ESTUDO DE CASO NA ETNIA SATERÉ-MAWÉ. 2012. 133 P. TESE (DOUTORADO EM EDUCAÇÃO) – UNIMEP, PIRACICABA.

**1** O QUE MAIS CHAMOU SUA ATENÇÃO NO MODO DE VIDA DA COMUNIDADE SAHÚ-APÉ? VOCÊ E SUA FAMÍLIA REALIZAM MUITAS ATIVIDADES JUNTOS? QUAIS?

## OS COSTUMES NAS FAMÍLIAS DO PASSADO

NO PASSADO, HÁ POUCO MAIS DE CEM ANOS, AS FAMÍLIAS BRASILEIRAS ERAM DIFERENTES DAS FAMÍLIAS ATUAIS.

ELAS ERAM, GERALMENTE, MAIS NUMEROSAS. OS RAPAZES E, PRINCIPALMENTE, AS MOÇAS SE CASAVAM MUITO JOVENS E TINHAM MUITOS FILHOS.

NESSA ÉPOCA, APENAS OS HOMENS DE FAMÍLIAS RICAS ERAM EDUCADOS PARA TER UMA PROFISSÃO E CONTINUAR ESTUDANDO ATÉ A UNIVERSIDADE. AS TAREFAS DA CASA ERAM OBRIGAÇÃO APENAS DAS MULHERES.

FAMÍLIA FOTOGRAFADA EM CAXIAS DO SUL, RIO GRANDE DO SUL, EM CERCA DE 1915.

**2** OBSERVE ESSA FOTO E RESPONDA ÀS QUESTÕES.

**A.** QUANDO E ONDE ESSA FOTO FOI TIRADA?

**B.** QUANTOS ADULTOS FAZEM PARTE DESSA FAMÍLIA? E QUANTAS CRIANÇAS?

**C.** COMO AS CRIANÇAS ESTÃO VESTIDAS? E OS ADULTOS?

**D.** AS ROUPAS DAS PESSOAS DESSA FAMÍLIA SÃO DIFERENTES DAS ROUPAS QUE VOCÊ E OS COLEGAS USAM? EXPLIQUE.

## O PAPEL DAS MULHERES

HÁ CERCA DE CEM ANOS, NAS FAMÍLIAS RICAS DO BRASIL, AS MULHERES ERAM EDUCADAS PARA CUIDAR DA CASA. POUCAS TRABALHAVAM FORA OU CONTINUAVAM A ESTUDAR DEPOIS DE CONCLUIR A FORMAÇÃO BÁSICA.

NAS FAMÍLIAS MAIS POBRES, MUITAS MULHERES TRABALHAVAM FORA DE CASA. ERAM OPERÁRIAS, COSTUREIRAS, BALCONISTAS, EMPREGADAS DOMÉSTICAS.

ELAS TAMBÉM CUIDAVAM DA CASA, FAZENDO AS TAREFAS DOMÉSTICAS BEM CEDO, ANTES DE IR TRABALHAR, OU À NOITE E NOS DIAS DE FOLGA. OBSERVE AS FOTOS ABAIXO.

**A** OPERÁRIAS TRABALHANDO EM FÁBRICA DE TECIDOS EM CAMPINAS, SÃO PAULO. FOTO DE 1923.

**B** COLHEITA DE CAFÉ NO ESTADO DE SÃO PAULO. FOTO DE CERCA DE 1920.

**1** QUE TRABALHOS AS MULHERES ESTÃO REALIZANDO EM CADA FOTO? ATUALMENTE, AS MULHERES REALIZAM OS TRABALHOS RETRATADOS?

## MUDANÇAS

HÁ CERCA DE CEM ANOS, APÓS MUITA LUTA, AS MULHERES COMEÇARAM A EXERCER PROFISSÕES MAIS VARIADAS. TAMBÉM FORAM CONQUISTANDO O DIREITO DE CONTINUAR OS ESTUDOS E DE EXERCER ALGUMAS PROFISSÕES QUE ANTES ERAM EXCLUSIVAS DOS HOMENS, COMO A CARREIRA MÉDICA.

▲ À ESQUERDA, ODETTE DOS SANTOS NORÁ, ALUNA DA PRIMEIRA TURMA DA FACULDADE DE MEDICINA DA UNIVERSIDADE DE SÃO PAULO. FOTO DE CERCA DE 1915.

▶ GRUPO DE PROFESSORAS DA ESCOLA BÁSICA MUNICIPAL MACHADO DE ASSIS, DE BLUMENAU, SANTA CATARINA. FOTO DE 1967. NA ÉPOCA, ESSA ESCOLA SE CHAMAVA COLÉGIO MUNICIPAL MACHADO DE ASSIS.

APESAR DE TODAS ESSAS CONQUISTAS, AS MULHERES AINDA ENFRENTAM DIVERSAS DIFICULDADES. MUITAS DELAS RECEBEM SALÁRIOS MAIS BAIXOS QUE OS DOS HOMENS, MESMO OCUPANDO O MESMO CARGO. ALÉM DISSO, É COMUM QUE AINDA TENHAM DE FAZER TODO O TRABALHO DE CASA.

**2** AS MULHERES QUE FAZEM PARTE DO SEU DIA A DIA COSTUMAM TRABALHAR FORA DE CASA? COMO É O TRABALHO DELAS?

## PESSOAS E LUGARES

## OS INY E AS BONECAS DE CERÂMICA

OS INY SÃO UM POVO INDÍGENA QUE VIVE NOS ESTADOS DE GOIÁS, MATO GROSSO, PARÁ E TOCANTINS.

AGORA, VOCÊ VAI CONHECER UM COSTUME DESSE POVO.

ENTRE CINCO E OITO ANOS DE IDADE, AS MENINAS INYS RECEBEM DE SUAS AVÓS UM CONJUNTO DE BONECAS DE CERÂMICA, CHAMADAS DE **BONECAS KARAJÁS**.

CADA BONECA TEM UM SIGNIFICADO, REPRESENTANDO PESSOAS DA FAMÍLIA DA MENINA E ELA MESMA, EM VÁRIAS FASES DA VIDA. OBSERVE O ESQUEMA A SEGUIR.

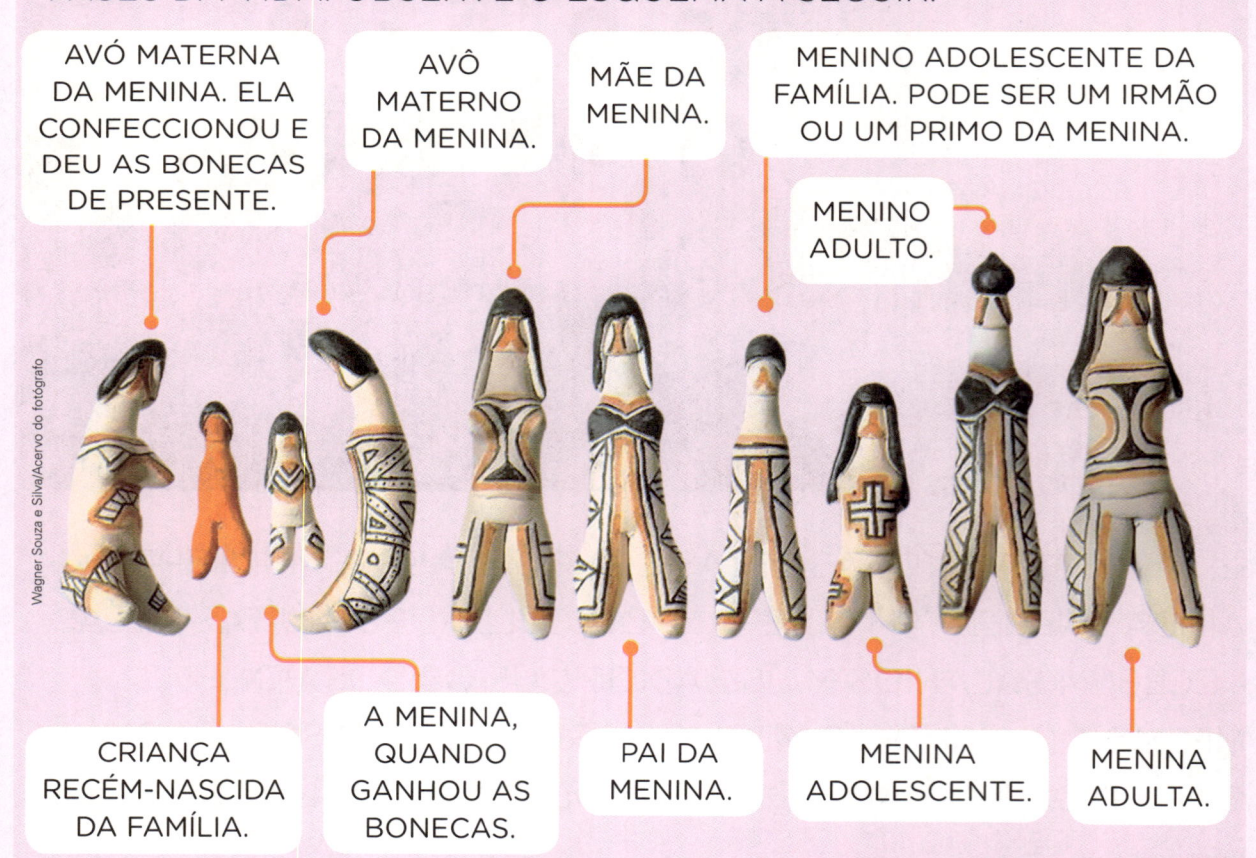

- AVÓ MATERNA DA MENINA. ELA CONFECCIONOU E DEU AS BONECAS DE PRESENTE.
- AVÔ MATERNO DA MENINA.
- MÃE DA MENINA.
- MENINO ADOLESCENTE DA FAMÍLIA. PODE SER UM IRMÃO OU UM PRIMO DA MENINA.
- MENINO ADULTO.
- CRIANÇA RECÉM-NASCIDA DA FAMÍLIA.
- A MENINA, QUANDO GANHOU AS BONECAS.
- PAI DA MENINA.
- MENINA ADOLESCENTE.
- MENINA ADULTA.

FONTE DE PESQUISA: SANDRA MARIA CHRISTIANI DE LA TORRE LACERDA CAMPOS. *BONECAS KARAJÁ*: MODELANDO INOVAÇÕES, TRANSMITINDO TRADIÇÕES. 2007. 154 P. TESE (DOUTORADO EM CIÊNCIAS SOCIAIS) – PONTIFÍCIA UNIVERSIDADE CATÓLICA DE SÃO PAULO, SÃO PAULO.

▲ MENINAS DO POVO INY, NO TOCANTINS, 2013. OS DESENHOS EM VESTIMENTAS E NO CORPO SÃO PARTE DA CULTURA DOS INY. POR ISSO, AS BONECAS TÊM O CORPO PINTADO. CADA DESENHO TEM UM SIGNIFICADO DIFERENTE.

◀ AS BONECAS SÃO FEITAS DE CERÂMICA. O BARRO É MODELADO À MÃO PELAS AVÓS E, DEPOIS, COZIDO. NA FOTO, BONECAS KARAJÁS REPRESENTANDO AS MÃES DE UMA ALDEIA INY NO MATO GROSSO, 2013.

**1** EM SUA OPINIÃO, AS BONECAS KARAJÁS PODEM AJUDAR A CONTAR A HISTÓRIA DE UMA FAMÍLIA INY? POR QUÊ?

**2** IMAGINE QUE VOCÊ VAI CONFECCIONAR DOIS BONECOS: UM QUE REPRESENTA VOCÊ ASSIM QUE NASCEU E OUTRO QUE REPRESENTA VOCÊ JÁ NA IDADE ADULTA. COMO VOCÊ IMAGINA ESSES BONECOS? COM A ORIENTAÇÃO DO PROFESSOR, USE ARGILA OU MASSA DE MODELAR PARA FAZER ESSAS REPRESENTAÇÕES.

# APRENDER SEMPRE

**1** OBSERVE AS FOTOS DAS COMIDAS ABAIXO. VOCÊ GOSTA DE ALGUMA DELAS? SABE QUAL É A ORIGEM DELAS? DESEMBARALHE AS LETRAS DA PALAVRA DESTACADA EM CADA FRASE. DEPOIS, ESCREVA ESSA PALAVRA CORRETAMENTE.

**A**
▲ ESFIRRA FECHADA.

**B**
▲ FAROFA FEITA DE FARINHA DE MANDIOCA.

**C**
▲ MACARRONADA.

**A.** A ESFIRRA É DE ORIGEM **RABEÁ** _____.

**B.** A FARINHA DE MANDIOCA É DE ORIGEM

**DÍNAGEIN** _____.

**C.** A MACARRONADA É DE ORIGEM **ATILANIA** _____.

**2** OBSERVE A ILUSTRAÇÃO E RESPONDA ÀS QUESTÕES.

**A.** O QUE AS CRIANÇAS ESTÃO FAZENDO?

_____
_____
_____

**B.** QUAL É A ORIGEM DESSA ATIVIDADE? MARQUE COM UM **X**.

☐ ITALIANA.   ☐ BRASILEIRA.   ☐ JAPONESA.

**3** LEIA O TEXTO E RESPONDA ÀS QUESTÕES.

> [...] MUITAS CRIANÇAS TÊM BISAVÓS, AVÓS E ATÉ MESMO PAIS QUE VIERAM DE OUTRAS PARTES DO MUNDO. TEM GENTE DE PORTUGAL, DA ESPANHA, DO JAPÃO, DO LÍBANO, DA ÁFRICA, DA ITÁLIA, DA ALEMANHA, DA COREIA E DE VÁRIOS OUTROS LUGARES. COM ESSA GRANDE MISTURA, TEM CRIANÇA COM UM AVÔ PORTUGUÊS E UMA AVÓ ALEMÃ. OUTRA QUE É FILHA DE MÃE JAPONESA E PAI LIBANÊS.
>
> ANA BUSCH E CAIO VILELA. *UM MUNDO DE CRIANÇAS*. SÃO PAULO: PANDA BOOKS, 2007. P. 62.

**A.** DO QUE O TEXTO TRATA?

**B.** NO MUNICÍPIO ONDE SUA ESCOLA ESTÁ LOCALIZADA, HÁ INFLUÊNCIAS CULTURAIS DE OUTROS POVOS? EM UM PASSEIO COM O PROFESSOR, OBSERVE O ENTORNO DA ESCOLA EM BUSCA DESSAS INFLUÊNCIAS. DE VOLTA À SALA DE AULA, VOCÊ E OS COLEGAS VÃO COMPARTILHAR AS DESCOBERTAS QUE FIZERAM.

**4** CADA POVO TEM COSTUMES, HÁBITOS, FESTAS E IDIOMAS PRÓPRIOS.

**A.** COMO DEVEMOS NOS COMPORTAR EM RELAÇÃO ÀS DIFERENÇAS DE COSTUMES DE CADA POVO?

**B.** COMO VOCÊ ESPERA QUE AS PESSOAS SE COMPORTEM EM RELAÇÃO A ALGUM COSTUME SEU E DE SUA FAMÍLIA?

72

## CAPÍTULO 6

# AS DIFERENTES MORADIAS

As moradias podem variar em relação ao tamanho e aos materiais utilizados em sua construção. Existem moradias que são mais comuns em uma região do que em outras regiões.

1. Como são as casas retratadas nessa foto? Elas são parecidas com a casa onde você mora?

2. A forma de as pessoas morarem sempre foi igual? Explique sua resposta.

3. **SABER SER** Em sua opinião, todas as pessoas têm uma moradia digna no Brasil?

◀ Casas de palafita no município de Laranjal do Jari, Amapá. Foto de 2017.

SETENTA E TRÊS 73

## A IMPORTÂNCIA DAS MORADIAS

AO LONGO DA HISTÓRIA, A MORADIA SEMPRE FOI UMA NECESSIDADE HUMANA.

UMA PRÁTICA ADOTADA AINDA HOJE É A CONSTRUÇÃO DE MORADIAS POR **MUTIRÕES**. NO SISTEMA DE MUTIRÃO, AS PESSOAS SE UNEM PARA CONSTRUIR AS MORADIAS DOS INTEGRANTES DE SUA COMUNIDADE, COMO FAZ O GRUPO RETRATADO NA FOTO A SEGUIR.

▲ COMUNIDADE INDÍGENA CAATINGA GRANDE, DA ETNIA TRUKÁ, CONSTRUINDO MORADIAS NO MUNICÍPIO DE CABROBÓ, PERNAMBUCO. FOTO DE 2018.

1. QUAL É A IMPORTÂNCIA DE TER UM LUGAR PARA MORAR?

2. O QUE LEVA AS PESSOAS A SE ORGANIZAR EM MUTIRÕES?

3. OBSERVEM A CONSTRUÇÃO DA MORADIA DA ETNIA TRUKÁ. VOCÊS SABEM DIZER POR QUE EXISTEM TANTOS TIPOS DIFERENTES DE MORADIA?

AS MORADIAS SÃO IMPORTANTES PORQUE PROTEGEM AS PESSOAS DO FRIO, DA CHUVA E DO SOL FORTE, POR EXEMPLO.

NAS MORADIAS, AS PESSOAS PODEM DESCANSAR, ENCONTRAR CONFORTO E REALIZAR DIVERSAS ATIVIDADES DO DIA A DIA. É TAMBÉM NAS MORADIAS QUE AS PESSOAS CONVIVEM COM SEUS FAMILIARES E AMIGOS.

**4** OBSERVE A IMAGEM A SEGUIR. DEPOIS, FAÇA O QUE SE PEDE.

◀ ANA MARIA DIAS. *MANACÁ*, 2017. ÓLEO SOBRE TELA.

**A.** ASSINALE OS ITENS ABAIXO QUE CORRESPONDEM AO QUE VOCÊ SENTE EM RELAÇÃO À SUA MORADIA. SE ACHAR NECESSÁRIO, COMPLETE COM OUTROS ITENS.

☐ PROTEÇÃO   ☐ TRANQUILIDADE   ☐ AMOR

☐ SEGURANÇA   ☐ CONFORTO   ☐ FELICIDADE

OUTROS: _____

**B.** COMO LIÇÃO DE CASA, EM UMA FOLHA AVULSA DE PAPEL, DESENHE A PARTE DA FRENTE DE SUA MORADIA VISTA DO LADO DE FORA. DEPOIS, MOSTRE SEU DESENHO AOS COLEGAS E AO PROFESSOR.

## MORADIA E DIGNIDADE

NÃO BASTA TER UM LUGAR PARA MORAR. AS PESSOAS PRECISAM TER UMA MORADIA **DIGNA**. ISSO SIGNIFICA QUE A MORADIA PRECISA APRESENTAR BOAS CONDIÇÕES DE CONSERVAÇÃO E HIGIENE, ALÉM DE OFERECER SEGURANÇA E CONFORTO AOS MORADORES.

UMA MORADIA DIGNA PRECISA, POR EXEMPLO, TER UM TAMANHO ADEQUADO AO NÚMERO DE MORADORES. ELA TAMBÉM PRECISA SER ABASTECIDA COM **ÁGUA POTÁVEL**, E O LOCAL ONDE ELA ESTÁ DEVE RECEBER ATENDIMENTO DOS SERVIÇOS PÚBLICOS ESSENCIAIS, COMO REDE DE ESGOTO E DE ENERGIA ELÉTRICA, COLETA DE LIXO E OFERTA DE TRANSPORTE PÚBLICO, DE ESCOLAS, DE POSTOS DE SAÚDE, ENTRE OUTROS.

> **ÁGUA POTÁVEL:** ÁGUA LIMPA, ADEQUADA PARA O CONSUMO HUMANO.

OBSERVE A IMAGEM ABAIXO.

André Aguiar/ID/BR

**1** CONTORNE, NA ILUSTRAÇÃO, OS PROBLEMAS QUE A MORADIA APRESENTA.

**2** EM SUA OPINIÃO, COMO ESSES PROBLEMAS ATRAPALHAM A VIDA DOS MORADORES DESSA CASA? O QUE PODERIA SER FEITO PARA RESOLVER ESSES PROBLEMAS?

## O DIREITO À MORADIA

TODAS AS PESSOAS TÊM DIREITO A UMA MORADIA. MAS SERÁ QUE ESSE DIREITO É SEMPRE RESPEITADO?

ATUALMENTE, HÁ MUITOS CIDADÃOS QUE NÃO TÊM ACESSO A MORADIAS DIGNAS. ALGUNS DELES VIVEM EM SITUAÇÃO DE RUA, OCUPANDO PRAÇAS, RUAS E OUTROS ESPAÇOS PÚBLICOS QUE NÃO OFERECEM CONDIÇÕES DIGNAS DE MORADIA.

NO BRASIL, UMA DAS SOLUÇÕES PROPOSTAS PELO GOVERNO FOI A CRIAÇÃO DE **PROGRAMAS HABITACIONAIS**. POR MEIO DELES, SÃO CONSTRUÍDAS MORADIAS POPULARES, COM PREÇOS MAIS BAIXOS E PAGAMENTO FACILITADO. ESSE TIPO DE INICIATIVA TORNA AS MORADIAS DIGNAS MAIS ACESSÍVEIS AOS CIDADÃOS E COLABORA PARA O CUMPRIMENTO DO DIREITO À MORADIA.

▶ CONJUNTO DE MORADIAS NO MUNICÍPIO DE SANTARÉM, PARÁ. FOTO DE 2019.

**3** AS MORADIAS SÃO UM DIREITO DE TODAS AS PESSOAS. POR QUE É TÃO IMPORTANTE TER UMA MORADIA DIGNA?

**4** COM A ORIENTAÇÃO DE UM ADULTO, PESQUISE SE NO MUNICÍPIO ONDE VOCÊ VIVE HÁ PROGRAMAS HABITACIONAIS PARA ATENDER ÀS FAMÍLIAS QUE NÃO TÊM MORADIA DIGNA. ESCREVA NO CADERNO O QUE DESCOBRIR E, DEPOIS, COMPARTILHE COM A TURMA.

SABER SER

## DIFERENTES POVOS, DIFERENTES MORADIAS

ASSIM COMO HÁ DIVERSOS TIPOS DE FAMÍLIA, HÁ DIVERSOS TIPOS DE MORADIA. ENTRE OS POVOS INDÍGENAS, AS MORADIAS VARIAM DE UM POVO PARA OUTRO. VEJA ALGUNS EXEMPLOS NAS FOTOS A SEGUIR.

▲ MORADIA EM ALDEIA INDÍGENA KAMAYURÁ NO PARQUE INDÍGENA DO XINGU, NO MUNICÍPIO DE GAÚCHA DO NORTE, MATO GROSSO. FOTO DE 2021.

▲ MORADIA TRADICIONAL DA ETNIA INDÍGENA MUNDURUKU NO MUNICÍPIO DE JACAREACANGA, PARÁ. FOTO DE 2020.

◀ MORADIAS DA ETNIA XAVANTE NO MUNICÍPIO DE GENERAL CARNEIRO, MATO GROSSO. FOTO DE 2020.

A FOTO **A** MOSTRA UMA MORADIA TRADICIONAL DOS INDÍGENAS KAMAYURÁ. EM CADA CASA VIVEM VÁRIAS FAMÍLIAS QUE SÃO PARENTES UMAS DAS OUTRAS.

NA FOTO **B**, OBSERVAMOS MORADIAS TRADICIONAIS DOS INDÍGENAS MUNDURUKU. AS MORADIAS SÃO COBERTAS COM PALHA.

NA FOTO **C** É RETRATADA UMA MORADIA DOS INDÍGENAS XAVANTE. NESTE CASO, AS CASAS SÃO FEITAS DE TIJOLOS, CIMENTO E TELHAS, ENTRE OUTROS ELEMENTOS QUE, ORIGINALMENTE, NÃO FAZIAM PARTE DAS CONSTRUÇÕES INDÍGENAS.

PARA ERGUER QUALQUER TIPO DE MORADIA, OS SERES HUMANOS EMPREGAM **TÉCNICAS DE CONSTRUÇÃO**, ISTO É, UM CONJUNTO DE HABILIDADES E CONHECIMENTOS NECESSÁRIOS PARA PLANEJAR E EXECUTAR A OBRA. EXISTEM VÁRIAS TÉCNICAS DE CONSTRUÇÃO.

AS FOTOS ABAIXO RETRATAM EDIFICAÇÕES CONSTRUÍDAS COM A TÉCNICA DO **ENXAIMEL**, TRAZIDA AO BRASIL POR IMIGRANTES ALEMÃES. A FOTO **A** RETRATA UMA EDIFICAÇÃO NO BRASIL, E A FOTO **B**, NA ALEMANHA. OBSERVE AS FOTOS.

▲ AS CONSTRUÇÕES RETRATADAS NESSAS FOTOS FORAM FEITAS USANDO O **ENXAIMEL**, UMA TÉCNICA EM QUE SE USA UM CONJUNTO DE PEÇAS DE MADEIRA ENCAIXADAS PARA SUSTENTAR A CONSTRUÇÃO. A FOTO **A** É DE POMERODE, SANTA CATARINA, 2019. A FOTO **B** É DE FREUDENBERG, ALEMANHA, 2019.

**1** COMPARE AS FOTOS **A** E **B** E RESPONDA ÀS QUESTÕES.

**A.** QUAIS SEMELHANÇAS VOCÊ IDENTIFICOU ENTRE AS EDIFICAÇÕES?

**B.** O QUE TORNOU POSSÍVEL A EXISTÊNCIA DESSAS SEMELHANÇAS?

**C.** VOCÊ CONHECE AS TÉCNICAS DE CONSTRUÇÃO QUE FORAM UTILIZADAS PARA FAZER SUA CASA?

### PARA EXPLORAR

*A CASA NO MEIO DO MATO*, DE LUÍS PIMENTEL. ILUSTRAÇÕES DE EDINEUSA BEZERRIL. EDITORA PRUMO.

NESSE LIVRO, O AUTOR EXPLORA AS BELEZAS DO DIA A DIA NAS PAISAGENS RURAIS E A VIDA NO CAMPO.

## MORADIAS DO PASSADO

NO BRASIL, ALGUNS TIPOS DE MORADIA FORAM SE TRANSFORMANDO AO LONGO DO TEMPO. OUTROS PASSARAM POR POUCAS MUDANÇAS.

O TEXTO A SEGUIR TRATA DE DOIS TIPOS DE MORADIA QUE ERAM MUITO COMUNS EM SÃO PAULO HÁ CERCA DE TREZENTOS ANOS. ACOMPANHE A LEITURA DO PROFESSOR.

[...] A PRIMEIRA DELAS [TAIPA DE PILÃO] CONSISTIA EM SOCAR TERRA COM PILÕES DE MADEIRA DENTRO DE FÔRMAS, EM CAMADAS SUPERPOSTAS, ATÉ A FORMAÇÃO DE UMA PAREDE. DURÍSSIMA QUANDO BEM EXECUTADA, PRECISAVA APENAS SER PROTEGIDA DAS CHUVAS, QUE TINHAM O PODER DE DISSOLVÊ-LA LENTAMENTE. [...]

JÁ O PAU-A-PIQUE, TAMBÉM CHAMADO DE TAIPA DE MÃO, OU DE SOPAPO, CONSISTIA BASICAMENTE EM UM ENTRECRUZAMENTO DE PAUS ROLIÇOS OU CORTADOS, FORMANDO UMA SUPERFÍCIE DEPOIS PREENCHIDA COM BARRO. A TÉCNICA, QUE PROPICIAVA CONSTRUÇÕES BEM MAIS FRÁGEIS QUE AS DE TAIPA DE PILÃO, ERA A MAIS UTILIZADA NAS CASAS POPULARES.

▲ ALMEIDA JÚNIOR. *RUA DA CONSOLAÇÃO NO SÉCULO XIX*. SEM DATA. ÓLEO SOBRE MADEIRA.

CENPEC. *MORADIAS DOS PAULISTAS*: DAS FAZENDAS ÀS VILAS OPERÁRIAS. SÃO PAULO: CENPEC, 2004. P. 13.

**1** DE ACORDO COM O TEXTO, QUAIS ERAM OS TIPOS DE MORADIA MAIS COMUNS EM SÃO PAULO ANTIGAMENTE?

**2** NO MUNICÍPIO ONDE VOCÊ MORA, HÁ CONSTRUÇÕES COMO AS CITADAS NO TEXTO? COMO ELAS SÃO?

## REPRESENTAÇÕES

### PONTOS DE VISTA

PODEMOS OBSERVAR UM OBJETO OU OS ELEMENTOS DE UMA PAISAGEM DE VÁRIOS **PONTOS DE VISTA**. DEPENDENDO DA POSIÇÃO EM QUE OBSERVAMOS UM OBJETO, CONSEGUIMOS VISUALIZAR CERTOS DETALHES, E OUTROS NÃO.

VEJA ABAIXO QUE CADA UMA DAS FOTOS RETRATA A MESMA CASA DE UM PONTO DE VISTA DIFERENTE.

▲ CASA VISTA DE FRENTE.

▲ CASA VISTA DO ALTO, DE MODO INCLINADO.

▲ CASA VISTA DO ALTO, DE CIMA PARA BAIXO.

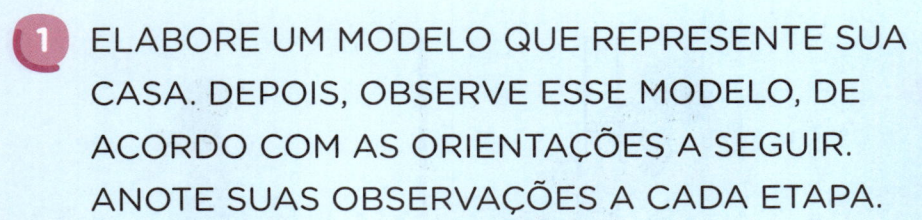

**1** ELABORE UM MODELO QUE REPRESENTE SUA CASA. DEPOIS, OBSERVE ESSE MODELO, DE ACORDO COM AS ORIENTAÇÕES A SEGUIR. ANOTE SUAS OBSERVAÇÕES A CADA ETAPA.

- OBSERVE O MODELO **DE FRENTE**: COLOQUE-O SOBRE UMA MESA COM A FRENTE DELE VOLTADA PARA VOCÊ. POSICIONE-SE COM OS OLHOS ALINHADOS NO CENTRO DO MODELO.

- OBSERVE O MODELO **DO ALTO E DE MODO INCLINADO**: MANTENHA-O NO CHÃO, PERMANEÇA EM PÉ E FAÇA A OBSERVAÇÃO A DOIS PASSOS DE DISTÂNCIA DELE. MIRE NO CENTRO DO TELHADO.

- OBSERVE O MODELO **EXATAMENTE DE CIMA PARA BAIXO**: COLOQUE-O NO CHÃO E FIQUE EM PÉ BEM PERTO DELE. FIXE OS OLHOS NO CENTRO DO TELHADO.

# APRENDER SEMPRE

**1** MARÍLIA FOTOGRAFOU UMA CASA DE DIFERENTES PONTOS DE VISTA. LIGUE CADA IMAGEM DA CASA AO MOMENTO EM QUE ELA FOI REGISTRADA POR MARÍLIA.

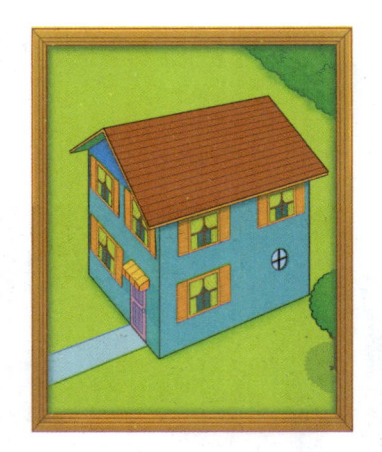

**2** AS MORADIAS REFLETEM A CULTURA DE UM POVO. CADA POVO TEM UM JEITO DE SE RELACIONAR COM O AMBIENTE EM QUE VIVE PARA TER UMA VIDA DIGNA. SOBRE ISSO, RESPONDA ÀS QUESTÕES.

**SABER SER**

**A.** O QUE SIGNIFICA DIZER QUE A MORADIA FAZ PARTE DA CULTURA DE UM POVO?

**B.** EM SUA OPINIÃO, POR QUE TER UMA MORADIA DIGNA É UM DIREITO DE TODAS AS PESSOAS?

3. OBSERVE AS FOTOS. DEPOIS, RESPONDA ÀS QUESTÕES A SEGUIR.

**A** ▲ CASAS EM PASSO FUNDO, RIO GRANDE DO SUL. FOTO DE 2020.

**B** ▲ CASA NA POLÔNIA. FOTO DE 2019.

**C** ▲ PRÉDIOS EM RECIFE, PERNAMBUCO. FOTO DE 2020.

**D** ▲ CASAS EM MANAUS, AMAZONAS. FOTO DE 2020.

**A.** EM SUA OPINIÃO, QUAIS MORADIAS RETRATADAS NESSAS FOTOS FORAM ADAPTADAS DE ACORDO COM AS CONDIÇÕES NATURAIS DO LOCAL?

**B.** CONTE AOS COLEGAS E AO PROFESSOR QUAIS ADAPTAÇÕES VOCÊ ACHA QUE FORAM FEITAS NESSAS MORADIAS E POR QUÊ.

**C.** A CASA ONDE VOCÊ MORA FOI ADAPTADA A ALGUMA CARACTERÍSTICA NATURAL? EXPLIQUE SUA RESPOSTA. SE NECESSÁRIO, PEÇA AJUDA A ALGUM ADULTO QUE VIVE COM VOCÊ.

Lucas Reis/ID/BR

## CAPÍTULO 7

# Convivendo com a vizinhança

As pessoas que vivem em moradias próximas umas das outras formam a vizinhança. Geralmente, convivemos com as pessoas da vizinhança durante algumas das atividades que realizamos diariamente.

### Para começo de conversa

1. Você acha que as pessoas representadas nessa imagem se conhecem? Como você chegou a essa conclusão?

2. Você conhece todas as famílias que moram perto de sua casa?

3. Alguma vez você teve de mudar de casa?

4. Em sua opinião, como é uma boa vizinhança? Que características ela precisa ter para que todos os moradores se sintam bem e tenham uma boa convivência?

**Saber Ser**

◀ Vizinhança em um bairro.

## Cada vizinhança é de um jeito

Várias moradias habitadas por diferentes famílias formam uma vizinhança. Os vizinhos são aquelas pessoas que moram próximas, na mesma rua, no mesmo quarteirão, na mesma vila, no mesmo bairro...

Observe a vizinhança representada na pintura abaixo.

▲ Helena Coelho. *A feira dos pescadores*, 2013. Óleo sobre tela.

**1** Marque com um **X** as frases corretas sobre a vizinhança representada nessa imagem.

☐ Essa vizinhança é formada por famílias que moram em uma praia.

☐ Essa vizinhança é formada apenas por crianças.

☐ Essa vizinhança é formada por famílias variadas.

**2** Em uma folha avulsa de papel, faça um desenho para mostrar como é sua vizinhança. Lembre-se de anotar seu nome na folha. Afixe sua obra de arte no mural da sala de aula.

**a.** Quais são as diferenças e as semelhanças entre sua vizinhança e a vizinhança retratada na pintura de Helena Coelho?

**b.** Observe as vizinhanças retratadas nos desenhos dos colegas. Elas são parecidas ou são diferentes da sua? Por quê?

### Para explorar

*Meu vizinho Totoro.* Direção: Hayao Miyazaki. Japão, 1988 (86 min).

Nessa animação, um pai e duas filhas se mudam para uma nova casa, onde conhecerão novas paisagens e, novos vizinhos e viverão novas aventuras.

## Os bairros

Muitas vizinhanças estão organizadas em bairros.

Nos bairros, podemos encontrar casas, escolas, igrejas, hospitais, bancos, farmácias, padarias, mercados, lojas, fábricas, restaurantes, sorveterias e muitos outros estabelecimentos.

Mas todos os bairros são iguais? E em todos eles encontramos tudo isso? Veja as fotos a seguir.

**3** Observe novamente as fotos e leia as frases a seguir. Depois, escreva a letra de cada foto ao lado da frase correspondente.

☐ Lojas em uma rua de Belém, Pará, 2019.

☐ Moradias em rua arborizada de Guaramiranga, Ceará, 2020.

☐ Rua com praça em Bagé, Rio Grande do Sul, 2020.

☐ Moradia no campo em Juruaia, Minas Gerais, 2020.

## O endereço

Para localizar uma moradia nas cidades, utilizamos o endereço: nome da rua, número da casa, nome do bairro, nome do município... Mas será que sempre foi assim?

No Brasil, há pouco mais de cem anos, muitas ruas eram conhecidas pelo nome de um morador ou de um lugar importante. Por exemplo, a "rua do João", a "rua do Colégio", entre outros.

As construções não eram identificadas por números. A localização era feita por uma referência, como "fica em frente da padaria" ou "está perto do correio".

Com o crescimento da **população**, os municípios começaram a identificar as ruas com nomes e as construções com números.

**População:** conjunto de pessoas que vivem em um lugar.

O nome dado a ruas, praças e avenidas pode homenagear pessoas, acontecimentos históricos, países, povos indígenas, profissões, entre outros.

Na placa azul desta foto, há uma sequência de números abaixo do nome do bairro. Esses números formam o Código de Endereçamento Postal (CEP). Esse tipo de código está em vigor desde maio de 1971 e é usado por serviços, como o dos correios, para identificar uma rua.

▲ Placa da Rua Anita Malfatti, com CEP, em São Paulo. Foto de 2021.

**1** Escreva seu endereço completo, incluindo o CEP.

**2** Observe o nome da rua na placa retratada na foto acima. Com a ajuda de um adulto, faça uma pesquisa em livros ou *sites* da internet e descubra quem foi a pessoa homenageada nessa placa de rua.

## Registros

### Envelopes de correspondência

Durante muito tempo, a comunicação entre as pessoas que estavam distantes umas das outras ocorria por meio de cartas. Dependendo da distância, as cartas demoravam semanas, e até meses, para chegar.

Você sabe o que é necessário para enviar uma carta?

No envelope da carta, devem aparecer algumas informações básicas: o nome da pessoa que a receberá (destinatário) e o endereço dela – rua, número da casa, bairro (se houver), município, estado e CEP.

Também é preciso informar o nome e o endereço de quem está enviando a carta (remetente), comprar e colar o selo postal e levar a carta a um dos postos de atendimento ou caixa de coleta dos correios.

Por causa de todas essas informações, com o passar do tempo, as cartas se tornaram importantes documentos históricos. Nelas, podemos encontrar pistas para conhecer a história das pessoas e dos lugares.

Envelope postal utilizado no Brasil em 1949. Nessa época, ainda não existia o CEP.

**1** Localize nesse envelope as seguintes informações:

a. Nome da pessoa que receberá a carta.

_____

b. Endereço completo do destinatário.

_____

c. Data de envio da carta.

_____

## Serviços públicos: ontem e hoje

É importante que a vizinhança tenha energia elétrica, água encanada, **rede de esgoto**, coleta de lixo, serviços de correio e segurança, etc. Mas será que esses serviços sempre existiram?

### Serviços públicos no passado

Há pouco mais de cem anos, na maioria dos municípios do Brasil, poucas ruas eram **pavimentadas** e não havia água encanada, rede de esgoto ou distribuição de energia elétrica. Além disso, o transporte público ficava concentrado no centro das cidades.

> **Rede de esgoto:** sistema de canos que leva a água usada das casas e dos prédios até um mar, lago ou rio. Antes de descartar o esgoto, ele deve ser tratado para não poluir as águas. Porém, em muitos lugares do Brasil, isso ainda não acontece e o esgoto é despejado sem tratamento.
>
> **Pavimentado:** que tem algum revestimento, por exemplo, asfalto.

**1.** Observe as imagens a seguir e responda às questões.

**A** ▲ Henry Chamberlain. *Pretos de ganho*, cerca de 1820. Gravura. Para ter água em casa, era necessário buscá-la nas fontes conhecidas como chafarizes. Em geral, esse trabalho era realizado por escravizados, que utilizavam grandes barris, chamados de pipas, para transportar a água pela cidade.

**B** ▲ Antigamente, os lampiões eram as fontes de iluminação pública no Brasil. Eles eram acesos e apagados, um a um, pelo acendedor de lampiões. Foto de cerca de 1900.

**a.** Quais serviços públicos estão representados nelas?

**b.** Como esses serviços eram realizados?

## Serviços públicos no presente

Atualmente, muitas vizinhanças brasileiras contam com importantes serviços públicos, como iluminação pública, distribuição de água encanada e de luz elétrica, rede de esgoto, postos de saúde, escolas públicas, etc.

▶ Vacinação de criança em posto de saúde de São Paulo. Foto de 2020. O sistema público de saúde oferece atendimento para crianças, jovens, adultos e idosos.

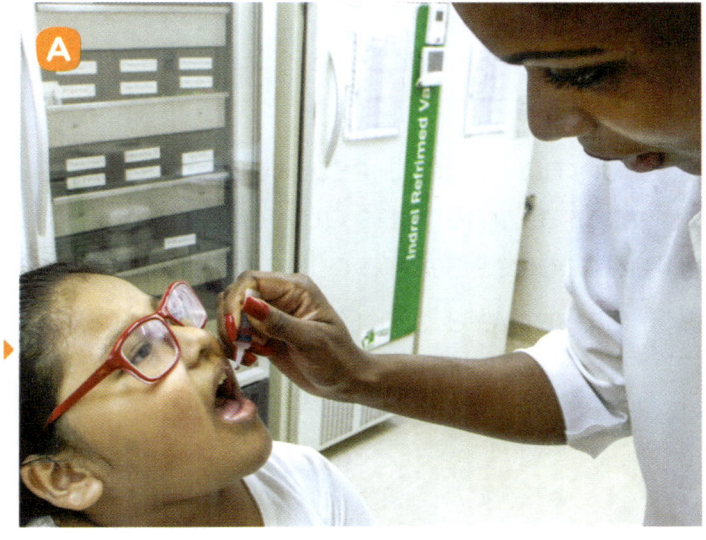

Além desses serviços, há algumas inovações, como a **coleta seletiva de lixo**. Porém, essa não é a realidade de todos os municípios do Brasil.

◀ Trabalhadores separando materiais recicláveis em Londrina, Paraná. Foto de 2020. A coleta seletiva de lixo é muito importante para preservar o meio ambiente, pois diminui a quantidade de lixo **despejada** nos aterros.

**Coleta seletiva de lixo:** serviço de coleta de lixo em que os materiais que jogamos fora são recolhidos separadamente, de acordo com o tipo, para serem reciclados.
**Despejar:** descarregar, esvaziar.

2. Sobre os serviços mostrados nas fotos **A** e **B**, pesquise: No município onde você mora, onde é possível ter acesso a esses serviços? Que profissionais trabalham nessas atividades?

3. Na opinião de vocês, por que esses serviços são importantes?

## Vamos ler imagens!

### Pintura e foto: Vila Rica e Ouro Preto

Como você já estudou, as legendas ajudam a compreender melhor as imagens que observamos. Elas apresentam, por exemplo, informações sobre o local representado.

Observe a pintura abaixo e leia a legenda.

◀ Arnaud Julien Pallière. Detalhe de *Vista de Vila Rica*, de cerca de 1820. Óleo sobre tela.

Museu da Inconfidência, Ouro Preto. Fotografia: ID/BR

Essa pintura mostra parte da vizinhança de Vila Rica há cerca de duzentos anos. Essa vila deu origem ao atual município de Ouro Preto, em Minas Gerais.

### Agora é a sua vez

1. Em 1820, que tipos de construção havia na vizinhança de Vila Rica? Marque com um **X**.

   ☐ igrejas  
   ☐ sobrados  
   ☐ prédios de apartamento  
   ☐ supermercados  
   ☐ casas térreas  
   ☐ palafitas

**2.** Pinte as informações da legenda da imagem da página anterior com as seguintes cores:

🟡 Nome do autor  🔵 Data em que foi feita

🟢 Título da obra  🔴 Técnica de pintura

- Por qual informação da legenda é possível saber que a imagem retrata Vila Rica?

**3.** Observe a foto abaixo e leia a legenda.

▲ Vista de Ouro Preto, Minas Gerais. Foto de 2020.

**a.** Que local é retratado na imagem?

_____

**b.** Qual é a técnica usada nessa imagem? Contorne o quadro com o nome da técnica correta.

| Pintura | Foto | Gravura |

**c.** Em sua opinião, que semelhanças e diferenças há entre a pintura de 1820 e a foto de 2020? Qual das duas técnicas você prefere? Por quê?

noventa e três  93

## Aprender sempre

**1** Você conhece seus vizinhos? Costuma conviver com eles? Marque com um **X** as atividades que você realiza ou gostaria de realizar com eles.

- ☐ Estudar.
- ☐ Brincar.
- ☐ Tomar lanche.
- ☐ Passear com o cachorro.
- ☐ Ler um livro.
- ☐ Ouvir música.
- ☐ Ver um filme.
- ☐ Contar piadas.
- ☐ Jogar *videogame*.
- ☐ Praticar esportes.
- ☐ Assistir a séries.
- ☐ Caminhar pelo bairro.

**2** Leiam a tira abaixo e respondam às questões a seguir.

**Saber ser**

Quadrinho 1: — ARMANDINHO!
Quadrinho 2: — ESQUECEU DOS VIZINHOS?! — CLARO QUE NÃO!
Quadrinho 3: — ATÉ AUMENTEI PRA ELES OUVIREM!

Alexandre Beck. *Armandinho Três*. Curitiba: Arte & Letras, 2014. p. 6.

**a.** O que Armandinho está fazendo?

**b.** Na opinião de vocês, essa atitude pode incomodar os vizinhos? Por quê?

**c.** Imaginem que vocês são vizinhos de Armandinho. O que vocês fariam nessa situação?

**d.** Por que é importante manter uma boa convivência com a vizinhança? Converse com os colegas e o professor.

**3** Carlitos, Camila e Alex moram em uma rua onde há um terreno abandonado. Nesse local, as pessoas jogam muito lixo. Leia um trecho da história deles a seguir.

> O tempo passou e o […] terreno foi ficando cheio de lixo […].
> Carlitos, Camila e Alex não se conformaram. Lá de cima, olhavam pro terreno […] e pensavam numa solução. Uma tarde, Carlitos disse:
> – Será que nós mesmos não podemos fazer um parque?
> – Você tá louco! Isso é muito difícil!
> – Mas se todos ajudarem, talvez...
> Era uma ideia louca. […] As crianças a contaram aos seus amigos, aos seus irmãos mais velhos e às suas mães […].
> Com o tempo, mais e mais pessoas falavam no assunto.
>
> KURUSA. *A rua é livre*. Ilustrações de Monika Doppert. São Paulo: Callis, 2002. p. 41 e 43.

**a.** Qual foi a solução sugerida por Carlitos para resolver o problema do terreno abandonado?

**b.** Em sua opinião, essa solução será boa para a vizinhança? Por quê?

**c.** Como você acha que essa história termina? Com a orientação do professor, você e os colegas vão criar um final feliz para ela.

**4** Forme um grupo com dois colegas. Vocês vão descobrir se há problemas que afetam o meio ambiente na vizinhança de vocês.

- Perguntem às pessoas mais velhas da família de vocês se elas reconhecem problemas ambientais no bairro.

- Escolham uma das questões ambientais identificadas e, com a orientação do professor, pesquisem as seguintes informações: onde isso ocorre, quais são seus impactos no meio ambiente, quais profissionais poderiam trabalhar para solucionar esse problema e como a população poderia contribuir para resolvê-lo. Busquem também informações em jornais do município e em portais de notícias na internet.

- Registrem essas informações no caderno. Em uma data combinada com o professor, compartilhem os resultados da pesquisa com os colegas e conheçam os problemas ambientais e as soluções que os outros grupos apontaram.

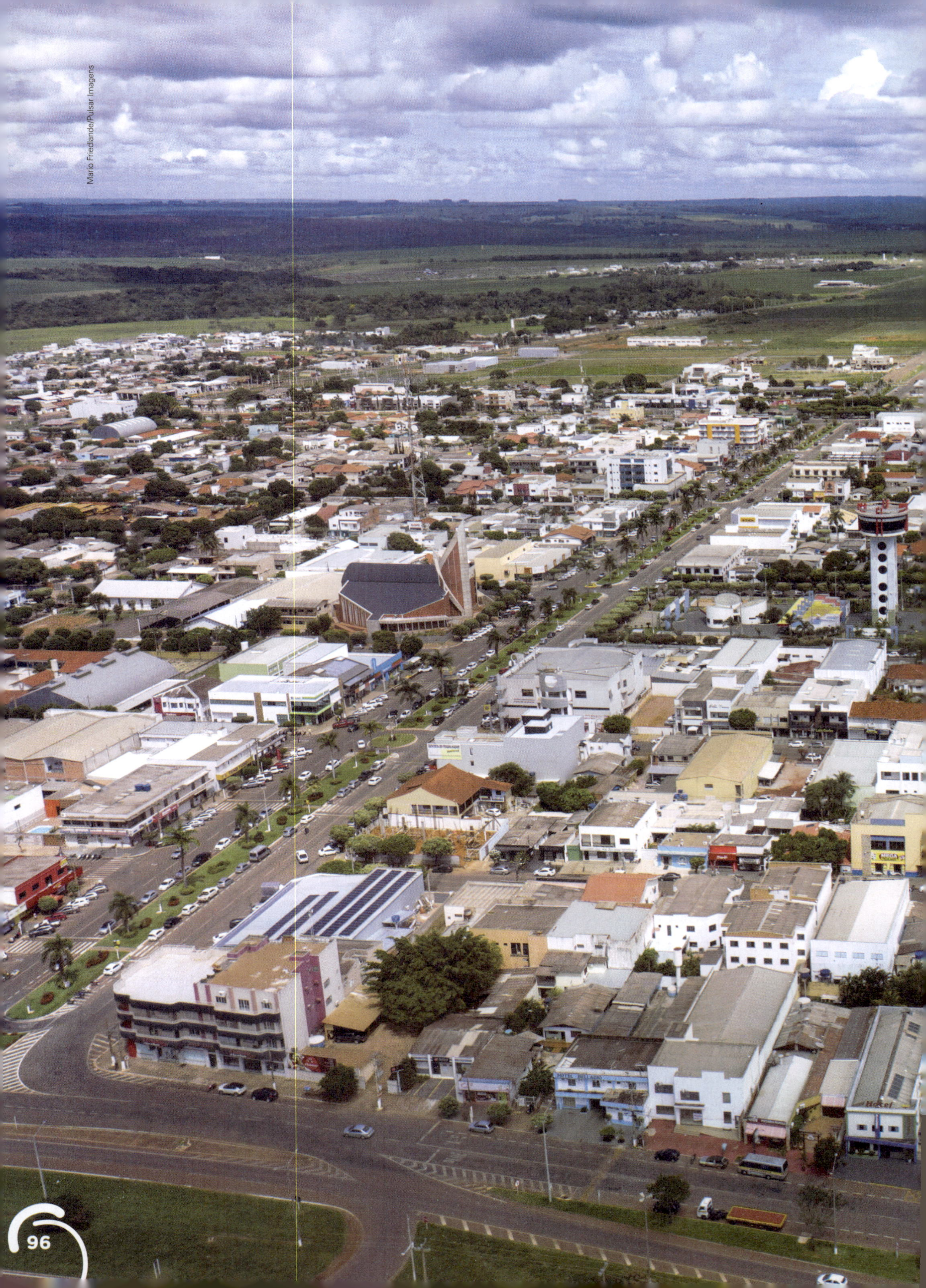
Mario Friedlander/Pulsar Imagens

## CAPÍTULO 8

# A vida no bairro

Como você estudou, em muitas localidades do Brasil, o conjunto de ruas com casas e variadas construções recebe o nome de bairro. Um município pode ter muitos bairros diferentes. Cada bairro tem sua história. E o nome do bairro, muitas vezes, está associado a essa história.

## Para começo de conversa

1. Qual é o nome do bairro retratado nessa foto e em qual município ele fica? Como você chegou a essas conclusões?

2. Esse bairro é semelhante ao lugar onde você mora? Por quê?

3. Como você imagina que seja o dia a dia das pessoas que moram nesse bairro?

4. Em sua opinião, como as pessoas que moram em um bairro podem contribuir para preservá-lo?

Saber Ser

◂ Vista do bairro Centro, no município de Campo Verde, Mato Grosso. Foto de 2021.

## Como é o bairro

Observe a ilustração a seguir. Ela representa o bairro do Glicério, no município de São Paulo. Essa representação foi feita com base nos desenhos de várias crianças do bairro, que indicaram o que consideravam mais importante no lugar. Por isso, a ilustração tem o nome de "Mapa afetivo do Glicério".

▲ Mapa afetivo do Glicério. Desenho feito por Rodrigo Moura com base em relatos e desenhos de crianças moradoras do bairro do Glicério em São Paulo, 2015.

**1** Identifique algumas construções representadas na ilustração.

_____
_____
_____

**2** Como é o bairro onde fica a escola em que você estuda? Ele se parece com o da ilustração ou é diferente? Tem muitas árvores? Tem indústrias? Tem lojas?

### Para explorar

***Meu bairro é assim***, de César Obeid. Ilustrações de Jana Glatt. Editora Moderna.

Quais são seus lugares favoritos na vizinhança?

Nesse livro, o autor apresenta as diferenças entre os bairros, as características das ruas de um bairro e algumas curiosidades sobre os nomes deles.

## Comércio e serviços

Além de moradias, em muitos bairros é possível encontrar estabelecimentos de comércio e de serviços destinados às pessoas que moram ali. Nesses lugares, elas conhecem outras pessoas e convivem com a vizinhança e com os amigos.

**3** Observe esta representação e faça o que se pede a seguir.

**a.** Contorne de **vermelho** as construções que podem ser usadas como moradia, e, de **verde**, os estabelecimentos que prestam serviços às pessoas que moram no bairro.

**b.** Quais dessas construções existem no bairro onde você mora? Existem outras que não aparecem nessa representação? Quais?

_____

_____

_____

_____

## Os caminhos do dia a dia

Todo mundo precisa percorrer caminhos entre a casa em que mora e os outros lugares onde realiza as atividades do dia a dia. Alguns caminhos são longos, outros são curtos; alguns passam por estradas arborizadas; outros, por ruas ladeadas por prédios.

Esta foto aérea retrata a vizinhança de Marcela. Veja que, entre os quarteirões com árvores e edificações, há ruas que servem de caminho para as pessoas que moram na região ou que passam por ali.

Foto aérea do bairro onde se localiza a Escola Estadual Euclides da Cunha, em Boa Vista, Roraima. Foto de 2020.

**1** Na foto, estão localizadas a casa de Marcela e a escola onde ela estuda. O caminho entre esses locais:

☐ é longo.    ☐ só pode ser percorrido de carro.    ☐ é curto.

**2** Por meio de um mapa, também é possível representar um lugar. Observe a seguir uma **planta**, que é um tipo de mapa. Nessa planta, é fácil visualizar as ruas da vizinhança de Marcela.

Boa Vista, Roraima: Entorno da Escola Estadual Euclides da Cunha - 2021

- Trace na planta um caminho que Marcela poderia fazer entre a casa dela (ponto **A**) e a praça onde costuma brincar com os amigos (ponto **B**).

Fonte de pesquisa: Google Maps. Disponível em: https://goo.gl/maps/JgANXe5Gb628e7Yo8. Acesso em: 12 mar. 2021.

## Representações

### Mapas mentais

Quanto mais frequentamos um lugar ou mais tempo vivemos nele, mais o conhecemos. Aprendemos a reconhecer os detalhes desse lugar e formamos uma memória da sua paisagem.

Quando usamos essa memória para desenhar um lugar que conhecemos, elaboramos um **mapa mental**. Esse tipo de representação é muito usado para indicar a alguém um caminho que conhecemos bem.

Veja o exemplo a seguir: uma aluna representou, em um mapa mental, o caminho que ela faz da casa onde ela mora até a escola.

Malu Valente/ID/BR

1. Agora é a sua vez de fazer um mapa mental. Em uma folha de papel avulsa, desenhe o caminho que você faz para ir de sua casa até a escola. Tente representar o máximo de elementos que lembrar, como o traçado das ruas, os tipos de construção e outros elementos existentes (árvores, semáforos, rio).

## Convivência no bairro

Quando vivemos algum tempo na mesma rua ou no mesmo bairro, é comum conhecermos os vizinhos e outros moradores. Também é comum conhecermos as pessoas que trabalham nos lugares que frequentamos, como a funcionária da padaria e o atendente da banca de jornal. São pessoas com quem convivemos no dia a dia.

Será que é sempre assim?

Em algumas cidades existem ruas ou bairros onde há muitos prédios de apartamentos. Às vezes, as pessoas moram há muito tempo em um apartamento, mas não conhecem os vizinhos.

Também não é sempre que há lugar para as crianças brincarem. Por isso, muitas delas ficam muito tempo dentro do apartamento e quase não brincam com outras crianças.

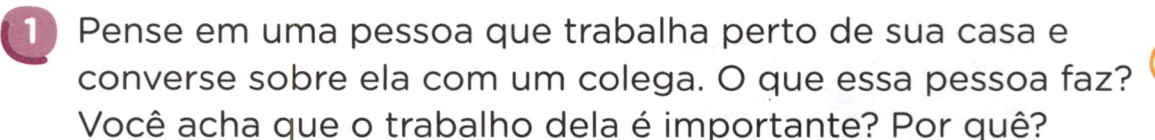

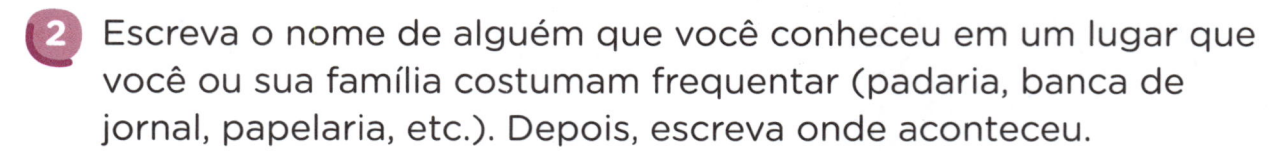

**1** Pense em uma pessoa que trabalha perto de sua casa e converse sobre ela com um colega. O que essa pessoa faz? Você acha que o trabalho dela é importante? Por quê?

**2** Escreva o nome de alguém que você conheceu em um lugar que você ou sua família costumam frequentar (padaria, banca de jornal, papelaria, etc.). Depois, escreva onde aconteceu.

_____

_____

**3** O que é importante para conviver bem com as pessoas da vizinhança? Converse sobre isso com os colegas.

Saber Ser

## Diferentes costumes no bairro

Em um bairro, podem morar pessoas e famílias que vieram de outra parte do Brasil e até de outra parte do mundo. Por isso, é possível que essas pessoas tenham hábitos e costumes diversos.

As pessoas podem falar outra língua, usar roupas características do país delas, comer alimentos aos quais você não está acostumado. Em alguns casos, podem ter uma religião diferente da que você e sua família praticam.

Essas diferenças não devem impedir que as pessoas se respeitem e se tratem com atenção e cordialidade. Qualquer que seja o jeito de viver, todas as pessoas podem conviver com respeito.

**4** Observe a foto e converse com os colegas sobre ela.

▲ Crianças venezuelanas em aula de canto no município de Pacaraima, Roraima. Foto de 2019.

a. Qual é o país de origem dessas pessoas?

b. Em seu bairro existem famílias que vieram de outro lugar do Brasil ou de outra parte do mundo? Em caso afirmativo, de onde elas vieram?

c. Comparando o modo de vida das famílias que você conhece com o da sua família, quais diferenças você pode notar?

## Problemas nos bairros

Nem sempre existem, nos bairros, todos os serviços essenciais de que as pessoas precisam.

Observe estas fotos e faça o que se pede a seguir.

▲ Rua esburacada e alagada, em Santa Maria, Rio Grande do Sul. Foto de 2019.

▲ Plataforma cheia de passageiros em estação do metrô em São Paulo. Foto de 2019.

▲ Esgoto a céu aberto, no município de Pancas, Espírito Santo. Foto de 2019.

▲ Lixo exposto no município do Rio de Janeiro. Foto de 2020.

**1** Junte-se a um colega e escolham uma dessas fotos. Conversem a respeito do problema mostrado na foto e proponham soluções para ele. Registrem suas conclusões no caderno.

## É possível mudar

Em lugares que não recebem os serviços essenciais, muitas vezes as pessoas se organizam para resolver os problemas que a falta desses serviços provoca em uma rua, um bairro ou uma cidade. Elas podem formar associações de moradores, ONGs (Organizações Não Governamentais) ou ter algum incentivo do governo.

◀ Horta comunitária organizada por moradores no município de São Sebastião, São Paulo. Foto de 2021.

Crianças em aula de jiu-jítsu ▶ organizada pela ONG "Instituição Casa do Zezinho" no bairro Capão Redondo, em São Paulo, 2017.

**2** Quais são os principais problemas do bairro onde você mora? Pergunte aos adultos de sua casa e anote-os no caderno.

**3** Na sala de aula, compartilhe com os colegas os problemas que você anotou. Com a ajuda do professor, verifique os problemas mais citados pela turma e conversem sobre possíveis soluções para eles.

## Pessoas e lugares

## A vizinhança do bairro das Graças e o Jardim do Baobá

Na vizinhança de seu bairro, há espaços de lazer, isto é, áreas onde a comunidade pode se divertir, como parques e praças?

Em 2016, a vizinhança do bairro das Graças, no Recife, Pernambuco, conquistou um importante espaço de lazer. Trata-se do Jardim do **Baobá**, um parque que fica às margens do rio Capibaribe.

Ele recebeu esse nome por causa do baobá que está no local há mais de cem anos. A árvore é tão importante para o município do Recife que foi tombada como patrimônio em 1988.

**Baobá:** árvore gigantesca, de tronco grosso e de origem africana. Em muitos países da África, ela é considerada sagrada. Entre alguns povos africanos, era costume se reunir debaixo de um baobá para contar histórias. No Recife, há outros doze baobás tombados. De acordo com o calendário municipal, em 19 de junho comemora-se o Dia do Baobá.

O Jardim do Baobá tem mesas para piqueniques coletivos e oferece passeios de barco pelo rio Capibaribe, além de contar com muitos espaços para as famílias se divertirem em contato com a natureza.

▲ Em vários pontos do parque, há mesas que ficam à sombra das árvores do Jardim do Baobá. Muitas famílias aproveitam esses locais para compartilhar refeições e se divertir. Foto de 2021.

▲ Nos fins de semana, as pessoas que visitam o Jardim do Baobá podem passear de barco pelo rio Capibaribe. Foto de 2020.

▲ Baobá do bairro das Graças, no Recife, Pernambuco. Foto de 2021. A árvore tem 15 metros de altura e suas folhas e galhos projetam no chão uma sombra de até 10 metros.

1. No município onde você mora, há árvores antigas que são importantes para a comunidade? Em caso afirmativo, você sabe o nome delas?

2. Em sua opinião, qual é a importância de preservar as árvores da vizinhança, do ponto de vista ambiental?

3. Que outros espaços de lazer uma vizinhança pode ter? Quais desses espaços você conhece?

# Aprender sempre

**1** Marque com um **X** o que caracteriza o seu bairro.

☐ Muitas moradias.

☐ Muitos estabelecimentos comerciais.

☐ Muitas indústrias.

☐ Poucas moradias, estabelecimentos comerciais e indústrias.

☐ Poucas moradias, bastante vegetação, rios e matas.

**2** Leia a seguir um trecho do poema "Palavras mágicas", de Pedro Bandeira. Depois, responda às questões.

*Saber Ser*

> [...]
> Use sempre essas palavras,
> delas nunca tenha medo,
> pois eu quero ajudar,
> vou contar o meu segredo:
>
> Diga sempre a sorrir,
> pra não ser mal-educado:
> com licença, me desculpe,
> por favor e obrigado!
> [...]
>
> Pedro Bandeira. Palavras mágicas. Em: *Obrigado, mamãe!*: o livro do amor pela mulher mais importante do mundo. São Paulo: Moderna, 2002. p. 25 (Coleção Girassol).

**a.** No dia a dia, ao se relacionar com seus vizinhos e com outras pessoas, você costuma usar as palavras mágicas mencionadas no texto? Por quê?

_____

_____

**b.** Que outras palavras mágicas você considera adequadas para utilizar na convivência com as pessoas?

_____

_____

**c.** É importante ter uma boa convivência com os vizinhos? Por quê? Converse com os colegas e o professor.

**3.** Com a ajuda do professor, leia o texto a seguir, que conta um dia da rotina de Marcos. Depois, observe a imagem e responda às questões.

Marcos tem uma rotina com várias atividades. De segunda a sexta-feira, ele passa as manhãs na escola, que fica na mesma avenida da casa onde mora. Nas tardes de terça e quinta-feira, Marcos joga futebol com os amigos no parque, que fica no mesmo quarteirão de sua casa. Nas tardes de quarta e sexta-feira, ele vai à biblioteca ao lado da escola ler seus livros prediletos. Aos sábados, Marcos costuma visitar seu amigo, que mora na rua Violeta, esquina com a avenida das Bromélias. E os domingos são reservados para o almoço na casa dos avós, que moram ao lado do supermercado.

Texto para fins didáticos.

**a.** Escreva o nome da avenida onde Marcos mora.

_____

**b.** Trace, na representação, um caminho entre a casa de Marcos e a casa dos avós dele.

**c.** Qual é a cor das paredes e do telhado da casa onde mora o amigo que Marcos costuma visitar aos sábados? Contorne essa casa.

_____

cento e nove 109

110

## CAPÍTULO 9

# As transformações dos lugares

Os municípios, as moradias, as construções, todos esses lugares podem passar por transformações ao longo do tempo.

Essas mudanças fazem parte da história dos lugares e das pessoas que neles vivem. Mas como as mudanças influenciam a natureza e a vida das pessoas?

## Para começo de conversa

1. O que está acontecendo nessa imagem?

2. Como você imagina que era o lugar onde fica sua casa antes de ela e as demais casas da vizinhança serem construídas? Havia vegetação natural? Uma parte dessa vegetação ainda existe?

3. Você considera que todas as transformações que acontecem nos lugares são boas para a natureza? Por quê?

Saber Ser

◀ Construção de casas populares no município de Taquaritinga, São Paulo. Foto de 2018.

## Os lugares têm história

Cada lugar tem sua história. Ela pode começar com uma fazenda e as pessoas que vivem lá. Ou com a construção de algumas casas e lojas, depois com ruas e mais casas.

O nome de um lugar pode estar associado à história dele.

Há mais de duzentos anos, na praça principal de algumas vilas e cidades, havia uma coluna de madeira ou pedra chamada pelourinho. Nela, avisos eram afixados e trabalhadores escravizados eram castigados.

Em Salvador, na Bahia, o pelourinho deu origem a um bairro de mesmo nome. Observe as fotos.

▲ O bairro do Pelourinho em Salvador, Bahia, por volta de 1910.

▲ O mesmo bairro em Salvador, Bahia, em 2020.

**1** Comparando as fotos do bairro do Pelourinho, que mudanças você observa de uma época para a outra? Há muitas ou poucas mudanças? Explique.

## A história de um bairro

O bairro mais antigo do Recife, em Pernambuco, também se chama Recife. Ele surgiu ao redor de um **porto** criado pelos portugueses há cerca de 500 anos.

Por volta de 1630, foram erguidos nesse local armazéns, uma ponte e outras construções.

Trezentos anos depois, o porto do Recife se tornou menos importante do que outros portos brasileiros, e o bairro empobreceu.

Em 1994, começou um programa de renovação do local. Prédios antigos foram reformados e surgiram lojas, restaurantes e outros estabelecimentos.

Hoje, o bairro é conhecido como Recife Antigo e recebe a visita de muitos turistas.

**Porto:** lugar próximo à costa, próprio para o embarque e o desembarque de pessoas e de mercadorias de navios e de outros tipos de embarcação.

Vista do Recife Antigo, no município de Recife, Pernambuco. Foto de 2019.

**2** Como e quando surgiu o bairro do Recife?

**3** A área do porto do Recife passou por um processo de renovação que recuperou locais antes abandonados e malcuidados. Você conhece um bairro que está malcuidado? Se sim, o que seria necessário fazer para recuperá-lo? Converse com os colegas.

## Preservação do passado

Alguns lugares conservam elementos de outras épocas, que ajudam a contar a história desses locais. Pode ser uma construção antiga, uma árvore centenária ou uma rua calçada com pedras há muito tempo.

> **Centenário:** que completou 100 anos de idade ou mais.

Como importantes registros da história, esses elementos geralmente fazem parte do **patrimônio histórico**, que é o conjunto de bens com valor histórico que devem ser preservados.

▲ Centro histórico do município de Paraty, no Rio de Janeiro. Foto de 2019.

**1** Peça ajuda a uma pessoa de sua casa para fazer a pesquisa a seguir. Depois, conte à turma o que descobriu.

   **a.** Em seu bairro, existe alguma construção antiga? O que ela significa para a história local?

   **b.** Em sua família existe algum objeto, uma construção ou outro elemento que é preservado como lembrança de outra época? Se sim, o que é?

## Registros

### Entrevista

As pessoas mais velhas podem contar histórias muito interessantes. São relatos de outras épocas, cheios de informações sobre a história dos lugares e das pessoas.

Que tal entrevistar uma pessoa idosa para descobrir informações sobre o lugar onde você mora ou onde fica a escola? O registro da entrevista pode ser feito com um gravador, um celular, uma câmera de vídeo ou com anotações.

1. Formem grupos e escolham uma pessoa idosa que more perto da escola ou da casa de vocês. Marquem o dia e o horário da entrevista. Preparem um roteiro com perguntas. Vejam alguns exemplos e conversem com o professor sobre outras perguntas.

   a. Desde quando a senhora (ou o senhor) mora aqui?

   b. A senhora (ou o senhor) sabe dizer se a rua (ou o bairro) sempre teve esse nome?

   c. Como eram as moradias? Que outras construções existiam no local?

   d. Havia muitas plantas? E animais?

2. Anotem as respostas em uma folha avulsa de papel ou no caderno, numerando-as conforme o roteiro.

3. Conversem com a turma sobre a entrevista que fizeram.

## Mudanças nos lugares de vivência e no modo de viver

Com o passar do tempo, os seres humanos continuam transformando os lugares em que vivem. Terrenos vazios são ocupados com novas edificações, ruas de terra são asfaltadas, casas antigas são reformadas ou derrubadas para a construção de novas casas ou prédios.

Veja, nestas fotos, o exemplo de um local em dois momentos diferentes.

Teatro Amazonas, em Manaus, Amazonas. A foto **A** foi obtida em 1920, e a foto **B**, em 2019.

**1** Compare a foto **A** com a foto **B**. Depois, responda:

**a.** Descreva as transformações pelas quais o lugar retratado passou.

_____

_____

**b.** Você consegue identificar algum elemento que tenha permanecido na paisagem no período entre as duas fotos? Se a resposta for afirmativa, contorne esse elemento nas fotos **A** e **B**.

Ao mesmo tempo que as características de um lugar vão se transformando, o modo de vida de quem vive nele também vai mudando.

Nestas imagens, que representam o mesmo lugar em momentos diferentes, observe que ocorreram transformações não apenas no espaço físico, mas também na forma como as pessoas usam o lugar.

**Antes** **Depois**

Perceba, também, que não há uma transformação completa no modo de vida das pessoas. Ainda há quem circule de bicicleta e pessoas que se encontram na calçada.

**2** Compare novamente as imagens acima e descreva as transformações que você identifica nas características físicas do lugar e no modo de vida das pessoas.

_____
_____
_____
_____

## Meios de transporte ontem e hoje

Os meios de transporte são usados para levar as pessoas e os objetos de um lugar para outro.

Atualmente, ônibus, automóveis, motocicletas, bicicletas e outros veículos circulam pelas ruas. Mas será que sempre foi assim?

Até cerca de cem anos atrás, era comum as pessoas andarem a cavalo ou usarem carroças, charretes e bondes puxados por burros.

**Charrete:** veículo de duas rodas puxado por um cavalo ou burro.

Com a invenção de veículos motorizados, aos poucos os bondes elétricos, os automóveis, os ônibus e outros veículos passaram a fazer parte do dia a dia das pessoas.

▲ Bonde puxado por burros em Salvador, Bahia. Foto do final dos anos 1800.

▲ Inauguração da primeira linha de bonde elétrico no município de São Paulo. Foto de 1900.

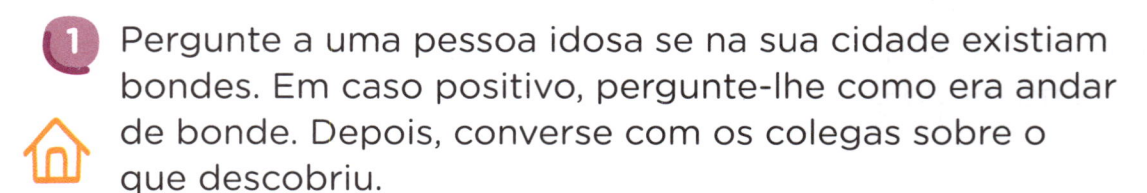

1. Pergunte a uma pessoa idosa se na sua cidade existiam bondes. Em caso positivo, pergunte-lhe como era andar de bonde. Depois, converse com os colegas sobre o que descobriu.

### Para explorar

**Museu Virtual do Transporte.**
Disponível em: https://www.sptrans.com.br/museu-virtual?p=98. Acesso em: 17 mar. 2021.

O *site*, organizado pelo Museu SPTrans dos Transportes, disponibiliza um acervo de imagens históricas de diversos tipos de meios de transporte urbanos.

## O transporte coletivo

Atualmente, muitas pessoas utilizam meios de transporte coletivo, como ônibus, metrô e trem.

Ônibus municipal em Salvador, Bahia. Foto de 2021.

Ciclista em estação do metrô em Brasília, Distrito Federal. Foto de 2020.

Em 1974, na cidade de São Paulo, foi inaugurado o primeiro metrô do Brasil. O metrô muitas vezes é subterrâneo, e os trens se movimentam sobre trilhos.

O metrô é muito adequado às grandes cidades. Por ser movido a eletricidade, ele não causa poluição do ar, como acontece com os carros e os ônibus. Além disso, tem capacidade de transportar muitos passageiros de uma vez.

**2** Quais são os meios de transporte mais usados no lugar onde você mora? Se precisar, pergunte a um adulto de sua casa.

**3** Converse com os colegas e o professor: O sistema de transporte público de sua cidade funciona bem?

## O extrativismo e a transformação nos lugares

O **extrativismo** é a atividade em que os seres humanos retiram da natureza produtos de origem animal, vegetal ou mineral.

Esses produtos podem ser consumidos da forma como foram retirados ou usados para fabricar outros produtos.

▲ **Extrativismo animal**: atividades de caça e pesca de animais.

▲ **Extrativismo vegetal**: extração de madeira, frutos, folhas ou outra parte das plantas existentes no ambiente natural.

▲ **Extrativismo mineral**: extração de minerais como ouro, ferro, carvão mineral, sal, petróleo e outros.

**1** Dê exemplos de produtos que você conhece e que se originam de cada tipo de extrativismo.

_____
_____
_____

O extrativismo mineral costuma causar grandes mudanças nos lugares. Muitas vezes, são abertos enormes buracos, destruindo toda a vegetação e alterando completamente o ambiente.

◀ Mineração no município de Itaoca, São Paulo. Foto de 2020.

A extração de madeira (extrativismo vegetal) pode causar o desmatamento de grandes áreas de floresta.

▶ Extração de madeira no município de Itacoatiara, Amazonas. Foto de 2019.

Em alguns casos, porém, a atividade extrativista gera poucos impactos no ambiente. Um exemplo é a extração de látex, usado para fabricar borracha. Não é necessário derrubar a seringueira para extrair o látex.

◀ Extração de látex no município de Novo Aripuanã, Amazonas. Foto de 2020.

**2** No lugar onde você vive é feita alguma atividade extrativista? Se sim, qual? Converse com os colegas e o professor.

## Aprender sempre

**1** Compare as duas fotos. Elas retratam paisagens de um mesmo lugar registradas em dois momentos diferentes.

▲ Rua Sinimbu, em Caxias do Sul, Rio Grande do Sul. A foto **A** foi obtida entre 1935 e 1947. A foto **B** é de 2017. Ambas foram tiradas aproximadamente do mesmo ponto de observação.

**a.** Que lugar foi retratado em ambas as fotos?

_____

_____

**b.** Descreva as mudanças que você consegue identificar na paisagem desse lugar.

_____

_____

_____

**c.** Em sua opinião, o que você acha que mudou na vida das pessoas que habitam ou frequentam esse lugar?

_____

_____

_____

**2** Leia este trecho de uma notícia. Depois, responda às questões.

> Uma casa ecológica está em fase de construção no município de Joanópolis, no estado de São Paulo. Para construí-la serão reutilizados cerca de sete mil pneus. Também foram utilizadas três mil garrafas PET [um tipo de plástico] e cinco mil latinhas de alumínio.
>
> Mayra Rosa. Casa ecológica feita com 7 mil pneus é construída em São Paulo. *Ciclo Vivo*, 23 out. 2013. Disponível em: http://ciclovivo.com.br/noticia/casa_ecologica_feita_com_4_mil_pneus_e_construida_em_sao_paulo_/. Acesso em: 23 mar. 2021.

**a.** De que materiais estava sendo construída a casa citada na notícia?

_____

_____

**b.** De que maneira construir moradias com materiais que seriam descartados como lixo contribui para a preservação da natureza?

*Saber Ser*

_____

_____

_____

**3** Você aprendeu neste capítulo que as paisagens se transformam com o tempo. Agora, pense na paisagem que você observa quando sai de sua casa. Faça um desenho no espaço abaixo para demonstrar como você imagina essa paisagem daqui a 10 anos.

cento e vinte e três **123**

Escola

**CAPÍTULO 10**

# A escola é de todos

Já vimos alguns tipos de moradia e o funcionamento dos bairros. Aprendemos também que os lugares passam por transformações ao longo do tempo. Agora, vamos falar de um outro lugar importante que todas as crianças têm o direito de frequentar. Passamos bastante tempo nesse lugar e nele fazemos muitas descobertas e amizades.

Observe a ilustração.

## Para começo de conversa

1. Você sabe que lugar essa ilustração está mostrando?

2. O que você faz e aprende nesse lugar?

3. Você se lembra do seu primeiro dia nesse lugar? Conte aos colegas de turma como foi.

*Saber Ser*

◀ Crianças chegando à escola.

## A escola é direito de todos

Todos os brasileiros e brasileiras, de qualquer parte do país, têm o direito de frequentar a escola. Desde 1934, esse direito é garantido no Brasil pela **Constituição**.

Atualmente, é dever do governo criar e manter escolas e garantir vagas para todas as crianças. E é responsabilidade dos adultos das famílias matricular as crianças nas escolas e enviá-las às aulas.

**Constituição:** principal conjunto de leis do país.

▲ Estudante de uma escola do município de São Paulo chegando à escola. Note que a guia da calçada é rebaixada. Isso facilita a circulação da cadeira de rodas usada pelo estudante. Foto de 2017.

**1** Em sua vizinhança, todas as crianças frequentam a escola? Em caso negativo, responda: Você conhece essas crianças que não vão à escola? Sabe por que elas não podem ir?

**2** Em sua opinião, por que é importante ir à escola? Escreva uma frase sobre isso. Depois, leia sua frase para a turma.

## As atividades escolares

Na escola, as crianças podem usar o que já sabem para explorar conhecimentos novos e desenvolver habilidades. Também podem aprender a conviver com pessoas e com ideias diferentes e pensar em maneiras de melhorar o mundo. Novos amigos surgem na escola e, com eles, as pessoas constroem parte de sua própria história.

**1** Marque com um **X** as atividades que você realiza na escola.

- ☐ Adquire conhecimentos.
- ☐ Brinca com os colegas.
- ☐ Pratica esportes.
- ☐ Faz amizades.
- ☐ Convive com diversas pessoas.
- ☐ Respeita regras.
- ☐ Aprende a encontrar solução para os problemas.

**a.** Desenhe, em uma folha avulsa de papel, a atividade escolar que você mais gosta de realizar.

**b.** Por qual motivo você prefere essa atividade?

**2** Todos os dias você faz diversas atividades na escola, ou seja, você tem uma rotina.

- Faça uma lista das atividades de sua rotina escolar. Escreva essas atividades na ordem em que elas acontecem em cada dia da semana.

| Dia da semana | Atividades realizadas |
|---|---|
| Segunda-feira | |
| Terça-feira | |
| Quarta-feira | |
| Quinta-feira | |
| Sexta-feira | |

## A comunidade escolar

Nas escolas atuais, não há apenas estudantes e professores. Para que a escola funcione, há muitas pessoas trabalhando. As fotos a seguir mostram algumas dessas pessoas.

◀ Merendeiras, no município de Iconha, Espírito Santo. A comida dos estudantes é preparada por merendeiras. Em alguns lugares do Brasil, essas profissionais são chamadas de cozinheiras ou de cantineiras. Foto de 2019.

▲ Os diretores e os coordenadores pedagógicos administram a escola e organizam estudantes, professores e demais funcionários, para que tudo corra bem durante as aulas. Conselho de classe no município de São Paulo. Foto de 2018.

▲ Na secretaria da escola, trabalham os profissionais responsáveis por organizar toda a documentação da comunidade escolar. Geralmente, eles são chamados de secretários. Funcionária, no município de São Paulo. Foto de 2018.

**1** Na escola onde você estuda, há funcionários como os citados acima? Em caso afirmativo, quais são os nomes deles?

**2** Além desses funcionários, há outros profissionais que trabalham na escola? Qual é a importância do trabalho deles para o dia a dia na escola? O que eles fazem enquanto vocês estão estudando?

## As famílias na escola

As famílias dos estudantes também fazem parte da comunidade escolar. Há lugares em que as famílias que moram na vizinhança das escolas participam das atividades escolares.

Os adultos das famílias que têm crianças na escola participam de reuniões com os professores para acompanhar o desenvolvimento dos estudantes. Também podem participar das comemorações realizadas pela escola e ajudar em excursões e em outras atividades.

Há casos em que as famílias se organizam em **associações de pais e responsáveis**. Veja as fotos e leia as legendas.

▲ Reunião da Associação de Pais e Mestres (APM) em escola pública do município de São Paulo. Foto de 1980. Ainda hoje, é comum a organização de grupos formados por pais e professores.

▲ Reunião da associação de mulheres líderes quilombolas na E. E. Quilombola Professora Tereza Conceição de Arruda, no município Nossa Senhora do Livramento, Mato Grosso. Foto de 2020.

**3** Na escola onde você estuda:

**a.** Há atividades que possibilitam a participação das famílias? Em caso afirmativo, dê exemplos.

**b.** Há algum tipo de associação de pais e responsáveis? Em caso afirmativo, anote o nome dessa associação.

## Escola amiga da natureza

Não importa o tipo da escola: todas elas devem ensinar valores e conteúdos essenciais à formação de seres humanos capazes de construir um mundo melhor.

Um dos muitos aprendizados importantes que podemos receber na escola é a **educação ambiental**, que ensina meios para cuidar bem dos lugares onde vivemos.

A educação ambiental ensina alternativas para atender às necessidades humanas no presente, reduzindo os problemas que afetam a natureza e que podem prejudicar as condições de vida da população atual e a do futuro.

Acompanhe a leitura do texto abaixo que será feita pelo professor. Ele apresenta o exemplo do Colégio Estadual Olinda Truffa de Carvalho, em Cascavel, Paraná. Nessa escola, os estudantes colocam em prática aprendizados de educação ambiental.

[...]
Estudantes e professores desenvolveram um sistema de captação de água da chuva, por meio de uma cisterna e um sistema de calhas, para irrigação da horta da escola e também para limpeza das calçadas e ginásio de esporte.

"Iniciativas como essa são fundamentais para promover a conscientização dos estudantes, além de servir de incentivo e exemplo à comunidade escolar. Ações simples como não desperdiçar água, cultivar áreas verdes, preferir produtos recicláveis podem fazer a diferença. A mudança de atitudes em relação ao planeta começa em cada um de nós", lembrou a diretora Sandra Bolzon.

▲ Cisterna utilizada na captação de água das chuvas no Colégio Estadual Olinda Truffa de Carvalho, no município de Cascavel, Paraná. Foto de 2014.

**Reciclável:** que pode ser transformado em um novo objeto.

Escolas estaduais dão lição de sustentabilidade. *Agência de Notícias do Paraná*, 10 abr. 2017. Disponível em: http://www.aen.pr.gov.br/modules/noticias/article.php?storyid=93436&tit=Escolas-estaduais-dao-licao-de-sustentabilidade. Acesso em: 17 mar. 2021.

**1** O texto da página anterior aponta quais ações para cuidar da natureza?

_____

_____

**2** Na escola onde você estuda, são praticadas algumas dessas ações? Em caso afirmativo, dê exemplos.

_____

_____

**3** Em sua opinião, qual é a importância de aproveitar a água da chuva para irrigar hortas ou limpar calçadas, por exemplo?

**4** Analise esta sequência de imagens com o auxílio do professor.

Ilustrações: Vanessa Alexandre/ID/BR

a. O que você entendeu dela?

b. Como é possível usar os materiais escolares de uma maneira que evite o corte excessivo de árvores?

**Saber Ser**

**Para explorar**

**Ensinar e Aprender. Educação ambiental essencial. Direção: Antonio Gonzalez. Brasil, MultiRio, 2015 (14 min 30 s).** Disponível em: http://www.multirio.rj.gov.br/assista/index.php/163-educacao-ambiental-essencial. Acesso em: 9 jul. 2021.

Nesse vídeo, o professor Lúcio Teixeira, do Ciep Francisco Cavalcante Pontes de Miranda, em Campo Grande, Rio de Janeiro, mostra o trabalho que desenvolve com os estudantes sobre noções de reciclagem, economia de energia e reaproveitamento de água da chuva.

## Vamos ler imagens!

### Elementos visíveis e elementos não visíveis nas fotografias

Nas fotografias, podemos ver retratados vários elementos, como prédios, casas, matas, porteiras, lagos, pessoas e animais. Esses são os elementos visíveis da imagem. Ao visualizar esses elementos em uma fotografia, podemos usar a imaginação ou a memória e associá-los a sons e cheiros, por exemplo. Por meio de uma fotografia, também podemos fazer suposições sobre o modo de vida de quem mora no lugar retratado.

Observe nesta foto alguns elementos visíveis identificados.

A

- árvore
- carros
- pessoas
- avenida
- casas
- escola

Rubens Chaves/Pulsar Imagens

▲ Escola de Educação de Tempo Integral Tarsila do Amaral no município de Itapevi, São Paulo. Foto de 2020.

Além dos elementos visíveis, podemos ainda supor informações que não vemos na fotografia:

- o grande número de pessoas que trabalham ou vivem em prédios;
- os diversos sons – de motores e buzinas de veículos ou de pessoas conversando, por exemplo;
- os cheiros – como o cheiro de fumaça do escapamento dos veículos;

- o uso do transporte coletivo para o deslocamento das pessoas;
- a importância da energia elétrica para a vida urbana – o que se concluir pelos postes, pelas fiações e pelos sinais de trânsito;
- a existência de pessoas que trabalham em lojas e em outros estabelecimentos comerciais locais retratados e de pessoas que prestam serviços para atender à vizinhança, como professores, taxistas, médicos, dentistas e guardas de trânsito.

**Agora é a sua vez**

1. Observe esta foto e, depois, responda às questões a seguir.

▲ Escola Rural Municipal Bela Vista no município de São Félix do Tocantins, Tocantins. Foto de 2019.

a. Como é o lugar retratado nessa foto?

b. O que há ao redor da escola?

c. Como você imagina que é a via de circulação do lugar?

d. As pessoas que estudam ou trabalham nessa escola provavelmente ouvem quais sons?

e. E quais cheiros elas devem sentir?

f. Como você imagina que é a rotina das pessoas que vivem em um lugar como esse?

2. Agora, pense na escola onde você estuda. Ela é mais parecida com o lugar retratado na foto **A** ou com o lugar retratado na foto **B**? Por quê?

## Aprender sempre

**1** Leia o trecho do texto a seguir, sobre os direitos das crianças.

> [...]
> O Estatuto da Criança e do Adolescente é a lei que garante a proteção integral à criança e ao adolescente. Ela considera criança a pessoa com até 12 anos incompletos, e adolescente aquela entre 12 e 18 anos. Apenas em casos excepcionais essa lei se aplica às pessoas entre 18 e 21 anos.
>
> De acordo como o ECA, todas as crianças e adolescentes têm os seguintes direitos fundamentais: à vida e à saúde, à liberdade, ao respeito e à dignidade, à convivência familiar e comunitária, à educação, à cultura, ao esporte e ao lazer, à profissionalização e à proteção no trabalho.

13 de julho: aniversário do ECA. Turminha do MPF – Ministério Público Federal. Disponível em: http://turminha.mpf.mp.br/explore/direitos-das-criancas/20-anos-do-eca/eca-aniversario. Acesso em: 17 maio 2021.

**a.** Quais são os direitos fundamentais das crianças e dos adolescentes de acordo com o ECA? Converse com os colegas e o professor e compartilhem suas respostas.

**b.** Os direitos das crianças são sempre respeitados? Explique sua resposta com exemplos.

**2** Infelizmente, nem todas as crianças do Brasil frequentam a escola. O que você pensa a respeito disso? Quais são as consequências de uma criança não frequentar a escola? Como essa situação poderia ser resolvida?

**3** Vocês vão conhecer melhor a escola onde estudam.

**a.** Com a orientação do professor, conversem com os funcionários da escola para completar a ficha abaixo.

Nome completo da escola.

_____

Endereço da escola.

_____

Ano de fundação da escola.

_____

Número atual de estudantes.

_____

Número atual de professores.

_____

**b.** Como era a escola no passado? Pesquisem fotos antigas da escola onde vocês estudam, na biblioteca ou na secretaria da escola. Anotem a data de cada foto. Se não for possível fazer cópias das imagens, observem cada uma e façam um desenho que represente a escola no passado.

- Afixem as fotos ou os desenhos no mural da sala de aula e observem as imagens que as outras duplas trouxeram. Compartilhem os resultados da pesquisa em uma roda de conversa.

**4** Chegar a uma nova escola, onde não conhecemos ninguém, pode provocar alguns sentimentos.

**a.** Você se lembra de seu primeiro dia de aula? Como você se sentiu? Você conversou com algum colega?

**b.** Imagine que um novo estudante, que não conhece ninguém, começou a estudar em sua sala. Você faria algo para ajudá-lo a se enturmar? O quê?

136

## CAPÍTULO 11

# A convivência na escola

Ao longo de nossa vida, fazemos parte de muitos grupos: a família e a comunidade, os amigos, os vizinhos, entre outros. Na escola também fazemos parte de um grupo: o grupo da comunidade escolar. Colegas de turma, professores, funcionários da escola, pais e familiares são pessoas que também fazem parte desse grupo.

## Para começo de conversa

1. Você sabe dizer o que essa ilustração está mostrando? Como você chegou a essa conclusão?

2. Como é seu cotidiano na escola? É parecido com o que está representado nessa cena?

3. Do que você mais gosta na escola? E do que você menos gosta? Por quê?

*Saber Ser*

◂ Crianças em sala de aula.

## Colegas de turma

Na maior parte do tempo em que está na escola, você convive com os colegas da sala de aula. Cada um deles tem gostos, opiniões, vontades, atitudes e comportamentos próprios.

Porém, o que cada colega faz na sala de aula, como se comporta e como participa das atividades pode contribuir para o aprendizado de todos ou pode atrapalhar esse aprendizado.

A tira a seguir mostra uma situação na sala de aula onde estudam as personagens Calvin e Susie. Leia-a.

[Tira em quadrinhos:
Quadro 1: PSST... SUSIE! QUANTO É 12+7?
Quadro 2: UM BILHÃO. VALEU!
Quadro 3: PERAÍ, ISSO NÃO PODE ESTAR CERTO...
Quadro 4: ISSO FOI O QUE ELA DISSE QUE ERA 3+4.]

Bill Watterson. *Calvin & Haroldo*, 1986.

**1** Agora, responda às questões.

   a. Qual é a situação retratada nessa tira?

   b. Em sua opinião, a atitude de Calvin é correta? Por quê?

   c. Você sabe os resultados das operações que Calvin deveria fazer individualmente? Tente resolvê-las.

___

**2** Na sala de aula, os estudantes são diferentes uns dos outros. Mas, juntos, formam um grupo único. Dê sua opinião sobre as questões a seguir.

**Saber Ser**

   a. Qual é o objetivo de todos os estudantes na sala de aula?

   b. O que é preciso para que esse objetivo seja alcançado?

   c. Ao realizar trabalhos em grupo, há divisão das tarefas?

## Representações

### A maquete

Maquete é a representação de um lugar ou objeto feita em tamanho menor que a realidade. Observe a foto da maquete de uma sala de aula.

▶ A base da maquete da sala de aula foi montada com uma caixa de papelão. Tampinhas de plástico representam as cadeiras, e caixas de fósforo vazias representam as carteiras e a mesa do professor. Os recortes na lateral representam as janelas e a porta.

Agora, em grupos, você e seus colegas vão construir a maquete da sala de aula. Vocês vão precisar de: caixa de papelão, canetas hidrográficas, lápis de cor, tampas plásticas, caixas de fósforo vazias, massa de modelar, cola, tesoura de pontas arredondadas.

1. Observem a sala de aula e a disposição dos móveis e dos objetos que há nela.

2. Recortem a caixa de papelão. Façam os buracos na lateral para indicar a posição das janelas e da porta.

3. Usando o material disponível, criem as cadeiras, as mesas ou carteiras dos estudantes, a mesa do professor, a lousa, o cesto de lixo, os armários e outros objetos, se houver.

4. Disponham os elementos representados de acordo com a posição deles na sala real. Por exemplo: se o armário fica perto da porta, na maquete ele também deverá ficar nessa posição.

5. Quando a maquete estiver pronta, os grupos vão expor os trabalhos e conversar sobre as representações.

## Todos merecem respeito

Atitudes de respeito com os colegas da sala de aula, os professores e outros funcionários da escola contribuem para que todos possam realizar as atividades durante o tempo que passam na escola. Isso torna a convivência escolar saudável. O texto a seguir é sobre uma situação que ocorreu em uma sala de aula. Leia-o.

> A Laura, que é a professora, pediu pra gente desenhar os melhores amigos. Eu desenhei: o André jogando bola, a Paula brincando na areia, a Lucinha na gangorra e eu tirando foto dela. Todo mundo do mesmo tamanho.
>
> Mas a Lucinha ficou irada. Correu para minha mesa, pegou meu desenho, rabiscou inteiro, depois rasgou, picou e jogou no lixo. Isso porque, no desenho dela, eu era a principal. E no desenho do André, a Paula era a principal. E, no desenho da Paula, a principal era ela mesma. A Laura tinha saído pra pegar tinta. Toda a classe veio me defender.
>
> O André berrou, a Paula empurrou a Lucinha, que caiu perto do armário onde ficam as mochilas. Joana, a orientadora, entrou por causa da gritaria. [...]
>
> A Laura, nossa professora, entrou, escorregou, caiu sentada na tinta [...].
>
> Heloísa Prieto. *A vida é um palco*. Ilustrações de Janaína Tokitaka. São Paulo: SM, 2006. p. 32-41.

**1** Nessa história, quais personagens da comunidade escolar aparecem? Marque com um **X**.

☐ professora   ☐ orientadora

☐ estudantes   ☐ diretora

☐ cozinheiro   ☐ coordenador

**2** Em sua opinião, a atitude de Lucinha e dos colegas foi respeitosa? Quais foram as consequências?

**3** Em uma folha avulsa de papel, desenhe seus amigos da escola. Lembre-se de anotar os nomes deles.

## Direitos e deveres na escola

Na escola, todos têm o **direito** de ser respeitados e o **dever** de respeitar. Para garantir esse respeito, a escola estabelece algumas **regras** de convívio. Elas são válidas para estudantes, professores e outros funcionários da escola.

**4** Durante o recreio, os estudantes se encontram, conversam, brincam e se alimentam. Observe a cena.

- Contorne de **vermelho** uma situação de colaboração entre colegas, e de **azul** uma situação de desrespeito.

**5** Você conhece seus direitos e deveres na escola? Classifique cada frase a seguir de acordo com as cores.

🟠 Direitos   🟣 Deveres

☐ Ter carteiras adequadas para estudar.

☐ Cuidar das carteiras e demais materiais da escola.

☐ Ser respeitado por professores e funcionários.

☐ Tratar os colegas com educação.

☐ Receber cuidados quando se machuca.

☐ Prestar atenção às aulas e fazer as lições.

**6** Com a orientação do professor, anote no caderno as principais regras de convívio da escola onde você estuda.

> **Para explorar**
>
> *A menina que esquecia de levar a fala para a escola*, de Marciano Vasques. São Paulo: Noovha América.
>
> Escola é lugar de aprender, trocar ideias e fazer amigos. Mas e se a timidez impedir tudo isso? Descubra lendo esse livro!

## Pessoas e lugares

## A escola da comunidade Cabeceira do Amorim

Você sabia que as comunidades que moram em regiões próximas às margens dos rios são chamadas de **ribeirinhas**?

Os costumes das famílias ribeirinhas estão muito ligados às águas dos rios e das chuvas. E como são as escolas nessas comunidades? Vamos conhecer a escola da comunidade ribeirinha Cabeceira do Amorim, às margens do rio Tapajós, no município de Santarém, Pará.

Com cerca de noventa estudantes, a Escola Municipal Luiz Antonio de Almeida tem quatro salas de aula e as turmas são multisseriadas, isto é, são formadas por estudantes de várias idades e em diferentes anos do Ensino Fundamental.

O calendário escolar acompanha as cheias e as secas do rio. O período em que chove menos concentra o maior número de aulas. Por isso, geralmente, as aulas ocorrem de agosto a abril, com recesso em dezembro. Já as férias escolares ocorrem entre os meses de maio e julho, no período em que chove mais.

▲ Entrada da Escola Municipal Luiz Antonio de Almeida, em Santarém, Pará. A escola também recebe estudantes de outras duas comunidades ribeirinhas: Pajurá e Sítio Boa Sorte. Foto de 2017.

▲ A comunidade Cabeceira do Amorim costuma participar de diversas atividades da escola. Acima, estudantes e professores celebram a instalação de sistema de abastecimento de água na comunidade, com o plantio de mudas nativas. Ao lado, líderes da comunidade participam de festa na escola. Fotos de 2017. ▶

1. Os períodos de aulas e de férias dos estudantes da comunidade Cabeceira do Amorim são diferentes dos períodos da escola onde você estuda ou são semelhantes? Por quê?

2. Há algum rio perto de onde você mora? Os períodos de muita chuva interferem no modo como você vai à escola?

3. Você conhece alguma comunidade ribeirinha ou faz parte de uma comunidade desse tipo? Caso não conheça, com o auxílio de um adulto, faça uma pesquisa em livros, revistas ou *sites* para conhecer mais o cotidiano dessas comunidades. Depois, compartilhe o resultado de sua pesquisa com a turma.

# Aprender sempre

**1** Pinte de **roxo** os quadrinhos das frases que se referem a atitudes que podem contribuir para o aprendizado.

☐ Não fazer a lição de casa.
☐ Ser pontual e chegar à escola no horário.
☐ Pedir licença para falar.
☐ Colaborar com os colegas.
☐ Manter a sala de aula limpa.
☐ Não participar das atividades escolares.

- Agora, reescreva no caderno as frases que você não assinalou, de maneira que elas passem a indicar atitudes que contribuem para o aprendizado.

**2** Leiam a tira a seguir e respondam às questões.

> DINHO, VOCÊ VIU A BLUSA QUE O BETO ESTÁ USANDO?
> VI SIM!
> TEM COISA MAIS RIDÍCULA QUE AQUILO?
> TEM SIM!
> A MANIA QUE ALGUNS TÊM DE ZOAR DOS OUTROS!

Alexandre Beck/Acervo do cartunista

Alexandre Beck. *Armandinho Sete*. Curitiba: Artes & Letras, 2015. p. 83.

**a.** Vocês sabem o significado da palavra **zoar**? Procurem em um dicionário. Depois, marquem com um **X** a definição que mais se aproxima da que foi usada na tira.

☐ Fazer barulhos e ruídos.
☐ Caçoar de alguém.
☐ Atrapalhar uma pessoa.

**b.** Vocês já passaram por alguma situação parecida na escola? Em caso afirmativo, contem como foi.

**c.** A atitude de zoar os colegas é boa para a convivência na escola? Por quê?

**3.** A escola não é único lugar onde é possível se reunir para trocar conhecimentos. O costume de contar histórias existe na cultura de vários povos. Essa é uma maneira de os mais velhos ensinarem coisas aos mais novos. Observe as imagens a seguir.

Lorenz Frölich. *A contadora de histórias*, 1843. Óleo sobre tela.

Crianças indígenas da etnia Kalapalo ouvem histórias contadas pelo cacique da aldeia, no Parque Indígena do Xingu. Gaúcha do Norte, Mato Grosso. Foto de 2018.

**a.** Qual imagem é a reprodução de uma pintura e qual é a reprodução de uma foto? Associe as colunas.

imagem **A**          foto

imagem **B**          pintura

**b.** Quem é a pessoa que está contando a história em cada uma das imagens?

**c.** Você já ouviu histórias dos mais velhos? Em caso afirmativo, conte como foi essa experiência e o que você aprendeu com ela.

cento e quarenta e cinco **145**

Arquivo Público do Estado de São Paulo/Fotografia: Coleção Secretaria do Interior

## CAPÍTULO 12

# As escolas do Brasil ontem e hoje

Assim como os bairros e as moradias, os espaços escolares também podem passar por várias transformações ao longo do tempo. Como você imagina que eram as escolas onde seus avós estudaram quando eles tinham a mesma idade que você? Será que a escola deles se parecia com a escola onde você estuda hoje?

## Para começo de conversa

1. Essa foto mostra uma sala de aula do presente ou do passado? Como você percebeu isso?

2. Sua sala de aula se parece com a sala retratada nessa foto? Converse com os colegas sobre as diferenças e as semelhanças que você percebe entre a sua sala de aula e a da foto.

3. Como você imagina que era o convívio entre os colegas de turma na escola retratada nessa foto? Converse com os colegas sobre isso.

Saber Ser

◀ Escola Caetano de Campos, no município de São Paulo. Foto de 1908.

## As escolas mudam

Há cem anos, as escolas no Brasil eram muito diferentes do que são hoje. Havia diferenças não só nos prédios e nas salas de aula, mas também no ensino.

Nessa época, poucas crianças iam à escola. Dessas crianças, os meninos eram a maioria. Os estudantes aprendiam a ler, a escrever e a fazer cálculos (somar, subtrair, dividir e multiplicar). As poucas meninas que frequentavam a escola tinham também aulas de costura e de bordado.

Existiam escolas onde somente meninos podiam estudar e outras, somente para meninas. Havia também escolas mistas, mas, mesmo nessas, os estudantes eram separados em salas ou espaços diferentes para meninas e meninos. Observe as fotos a seguir.

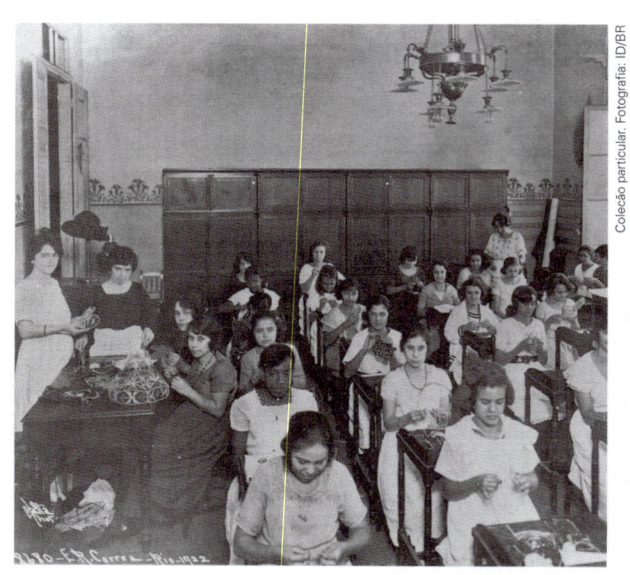

▲ Meninas em aula de trabalhos manuais no município do Rio de Janeiro em 1922.

▲ Meninos em aula de alfaiataria no município do Rio de Janeiro em 1915.

**1** Pinte de **verde** o quadrinho que acompanha a frase referente à realidade das escolas de antigamente.

☐ Não havia diferenças entre o ensino de meninos e o de meninas.

☐ Havia aulas específicas para meninos e aulas específicas para meninas.

**2** De acordo com o que você estudou até agora, por que havia poucas meninas na escola?

## A escola hoje

Hoje, todas as crianças e todos os jovens, tanto meninos como meninas, devem ir à escola. Em geral, meninos e meninas estudam na mesma sala e as aulas são as mesmas para todos.

Além dessas mudanças, outras coisas se transformaram na escola ao longo do tempo. Até mesmo os assuntos estudados e a forma de organizar os anos e as séries escolares mudaram. Observe o boletim escolar a seguir. Você sabe para que serve esse documento?

Boletim escolar, de 1962, de estudante do 1º ano do curso primário, que hoje corresponde ao 2º ano do Ensino Fundamental. No boletim, eram indicadas as notas e a frequência do estudante às aulas, entre outras informações.

**3** Que informações podem ser encontradas nesse boletim escolar? Marque com um **X**.

- ☐ nome do estudante
- ☐ endereço do estudante
- ☐ nome da escola
- ☐ ano em que o estudante estudou
- ☐ nomes das disciplinas
- ☐ ano do boletim
- ☐ notas do estudante
- ☐ data de nascimento

**4** Compare as disciplinas que você tem na escola com as desse boletim. Quais disciplinas você não tem? E quais você tem e não estão no boletim?

## As escolas indígenas

Os povos indígenas não educavam suas crianças em escolas. Elas aprendiam observando os adultos. Foram os jesuítas, há mais de quatrocentos e setenta anos, que criaram as primeiras escolas para ensinar aos indígenas a língua portuguesa, os costumes e as crenças religiosas dos europeus.

Há aproximadamente cinquenta anos, o ensino na maioria das escolas indígenas era como o ensino dos não indígenas. A língua e os costumes dos povos indígenas não eram levados em consideração.

E hoje, como são as escolas indígenas? Em muitas escolas localizadas nas aldeias, as crianças indígenas têm aulas na língua de seu povo, com professores indígenas.

Elas aprendem Português, Matemática e outras disciplinas ensinadas às crianças não indígenas. Mas também têm aulas sobre o modo de vida, a cultura e os conhecimentos do povo ao qual pertencem.

◀ Estudantes da etnia Guarani em escola indígena no município de São Miguel das Missões, Rio Grande do Sul. Foto de 2019.

**1** Pinte de **vermelho** o quadrinho que melhor completa a frase a seguir.

> Hoje, nas escolas indígenas do Brasil, as crianças aprendem

- ☐ somente Português e Matemática.
- ☐ apenas Filosofia europeia.
- ☐ a valorizar e a preservar o modo de vida de seu povo.
- ☐ a cantar somente as canções de seu povo de origem.

## Aprendendo as tradições de seu povo

Nas escolas indígenas, os estudantes aprendem a língua, as histórias, os costumes, a culinária e o modo de trabalhar do povo de que fazem parte.

Em algumas aldeias, as pessoas mais velhas vão à escola para ensinar seus conhecimentos sobre plantas medicinais e levam os meninos e as meninas à mata para colher essas plantas. Elas também ensinam as crianças a fazer cestos, cerâmica, enfeites e outros objetos de acordo com a tradição do povo a que pertencem.

Os professores indígenas elaboram livros e outros materiais especiais para os estudantes indígenas aprenderem melhor. Nesses livros, escritos nas várias línguas indígenas, fala-se da vida e da cultura desses povos.

▲ Escola indígena na aldeia Piyulaga, da etnia Waujá, em Gaúcha do Norte, Mato Grosso. Foto de 2019.

▲ Estudantes indígenas, da etnia Guarani, na horta da escola, em São Miguel das Missões, Rio Grande do Sul. Foto de 2019.

**2** Vocês já fizeram algum trabalho escolar como o da foto **A**? E já participaram de alguma atividade parecida com a retratada na foto **B**?

**3** Na opinião de vocês, as atividades escolares mostradas nas fotos **A** e **B** ajudam a preservar a cultura indígena? Por quê?

## As escolas nas comunidades quilombolas

Durante mais de trezentos anos, muitos grupos de africanos foram trazidos escravizados para o Brasil. Eles e seus descendentes lutaram de várias formas contra essa situação e vários deles conseguiram fugir dela.

Alguns desses grupos criaram povoados chamados de **quilombos**. Quem vivia nos quilombos era chamado de **quilombola**. Lá, essas pessoas eram livres para formar suas famílias e viver de acordo com seus costumes.

O tempo passou e as tradições dos quilombos podem ser encontradas ainda hoje. Os descendentes dessas comunidades são chamados de remanescentes quilombolas ou remanescentes de quilombos.

Atualmente, também há escolas nessas comunidades. Nelas, as crianças aprendem as disciplinas escolares comuns e os costumes e conhecimentos de seus antepassados quilombolas.

**Remanescente:** aquele que restou.

Sala de aula na Escola Estadual Quilombola Professora Tereza Conceição de Arruda, no Quilombo Mata Cavalo, em Nossa Senhora do Livramento, Mato Grosso. Foto de 2020.

**1** Você faz parte de alguma comunidade de remanescentes quilombolas? Em caso afirmativo, responda às questões a seguir sobre sua comunidade. Em caso negativo, pesquise informações sobre a comunidade de remanescentes quilombolas mais próxima de onde você mora.

**a.** Qual é o nome dessa comunidade?

**b.** Há escola nessa comunidade? Se sim, qual é o nome dela?

## A importância dos antepassados

Os homens e as mulheres remanescentes quilombolas guardam tradições próprias, como práticas religiosas, danças, cantos e modos de cozinhar, de plantar e de viver.

Essas tradições vêm de seus antepassados e são transmitidas dos mais velhos aos mais novos até hoje. Boa parte dos costumes foi ensinada por antepassados africanos, mas também há costumes de antepassados indígenas e europeus entre esses remanescentes.

Nessas comunidades, o conhecimento dos mais velhos é muito valorizado. Observe as fotos a seguir.

▲ Jongo em quilombo. Presidente Kennedy, Espírito Santo. Foto de 2019.

▲ Reisado em comunidade quilombola em Santa Maria da Boa Vista, Pernambuco. Foto de 2019.

**2** O que você aprende com as pessoas mais velhas de sua família? No caderno, anote quatro ensinamentos que você aprendeu com elas. Escreva também o nome dessas pessoas e o grau de parentesco com elas.

**Saber Ser**

### Para explorar

***Disque quilombola.*** **Direção: David Reeks. Brasil: 2012 (13 min).**

Nesse curta-metragem, crianças quilombolas e crianças que vivem em uma comunidade num morro no município de Vitória, no Espírito Santo, conversam sobre a vida nas comunidades onde vivem, suas atividades do dia a dia e sobre seus gostos.

### Vamos ler imagens!

## Monumento romano: professores e estudantes

Ao observar uma imagem, é importante prestar atenção na posição dos elementos, como objetos e personagens. Isso pode ajudar a compreender melhor a obra.

Observe, a seguir, uma cena escolar retratada pelos romanos antigos.

▲ Detalhe de monumento romano feito há mais de dois mil anos. Atualmente, ele é chamado de *O mestre e seus discípulos*. Esse monumento se encontra no museu Rheinisches Landesmuseum, em Trier, na Alemanha, e é um importante documento histórico.

### Agora é a sua vez

**1** Nesse monumento, quem possivelmente seria o mestre ou professor? E quem possivelmente seriam os discípulos ou estudantes? Preencha os quadrinhos de cada personagem de acordo com a legenda a seguir.

**P** professor          **E** estudante

- Que pistas da imagem você usou para descobrir quem é o professor e quem são os estudantes?

**2** Esse monumento romano é antigo ou é atual? Há quanto tempo ele foi feito?

___

**3** Observe os objetos que as personagens estão utilizando. Você sabe os nomes deles? Marque com um **X** o material a seguir que aparece na imagem.

◀ Os ensinamentos dos mestres estavam escritos nas *volumina*, antigos manuscritos que tinham o formato de rolo.

◀ Para carregar a *volumina*, os romanos costumavam utilizar a *capsa*, um tipo de bolsa de madeira.

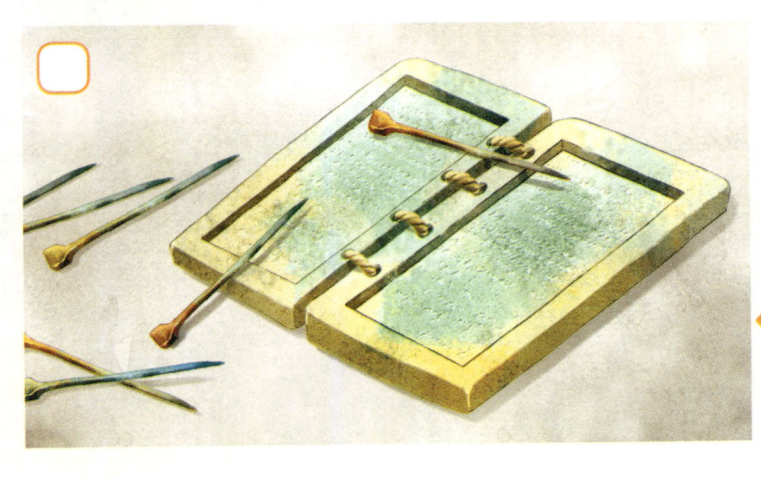

◀ Para treinar a escrita, os romanos escreviam em uma tábua de cera com o *styllus*, instrumento de ponta afiada.

- Alguns desses objetos se parecem com os objetos escolares utilizados atualmente? Em caso afirmativo, cite alguns.

## Aprender sempre

**1** Leia o relato de dona Tereza, de 67 anos, sobre a escola onde ela estudou.

> Eu entrei com 7 anos e estudava o dia inteiro. Eu lembro que no primário eu estudava Matemática, Português, História, das 9 h da manhã às 5 h da tarde, com intervalo de uma hora para o almoço. […] tinha também trabalhos manuais, a gente levava um bordadinho para fazer, uma costura […] . Aos sábados era o dia que a gente fazia esses trabalhos. Sábado era só meio dia. […] A escola […] tinha sala só de meninas e só de meninos.
>
> Relato de dona Tereza recolhido e publicado por Magda Sarat. Memórias da infância e histórias da educação de imigrantes estrangeiros no Brasil. Em: *VI Congresso Luso-brasileiro de História da Educação*, abr. 2006, Uberlândia, Minas Gerais.

**a.** Algumas pessoas mais velhas, como dona Tereza, ao falar sobre a escola, usam palavras como **primário** e **ginásio**. Você sabe o que elas significam? Pergunte aos adultos de sua família para descobrir o significado delas e anote no caderno.

**b.** O quadro a seguir traz algumas características da escola onde dona Tereza estudou. Mas estão faltando informações. Complete-o.

| Características | Escola onde dona Tereza estudou |
|---|---|
| Qual era o horário das aulas? | Das 9 horas da manhã às 5 horas da tarde. |
| Quais eram as disciplinas estudadas? | |
| Os estudantes almoçavam na escola? | |
| Havia aulas aos sábados? | |
| As turmas eram mistas? | |

**2** Agora, complete o quadro a seguir com as características da escola onde você estuda.

| Características | Escola onde você estuda |
|---|---|
| Qual é o horário das aulas? | |
| Quais são as disciplinas estudadas? | |
| Os estudantes almoçam na escola? | |
| Há aulas aos sábados? | |
| As turmas são mistas? | |

**3** As escolas de comunidades ribeirinhas e de remanescentes de quilombos são muito importantes para a preservação da cultura desses grupos e para a educação dessas comunidades. Observem estas fotos e escrevam, no caderno, uma frase sobre isso para cada caso.

**Saber Ser**

**A**

Estudantes chegando de barco à Escola Municipal Lago do Catalão, uma escola flutuante no município de Iranduba, Amazonas. Foto de 2020.

**B**

Estudantes durante aula na Escola Estadual Quilombola Professora Tereza Conceição de Arruda, do Quilombo Mata Cavalo, no município de Nossa Senhora do Livramento, Mato Grosso. Foto de 2020.

# ATÉ BREVE!

A cada ano escolar, você e os colegas vivenciam novos desafios e aprendizagens. Você já parou para pensar no quanto aprendeu neste ano? Para saber isso, realize a avaliação a seguir.

1. As brincadeiras mudam com o passar do tempo? Comente as semelhanças e as diferenças entre o modo como você brinca hoje e o modo como seus pais ou as pessoas adultas de sua comunidade brincavam quando eram crianças.

2. No caderno, faça uma linha do tempo e indique o ano em que ocorreram os seguintes acontecimentos em sua vida: quando você nasceu; quando você começou a estudar e o ano atual.

3. Como é o dia a dia de sua família ou de sua comunidade? As atividades que vocês realizam são parecidas com as atividades que seus colegas de turma realizam com as famílias deles ou com as comunidades deles? Por quê?

4. Faça um desenho que represente sua vizinhança. Nesse desenho, indique a localização de sua casa e os lugares que você frequenta todo dia.

5. Algumas construções ou alguns lugares apresentam características de outras épocas. Cite um exemplo de alguma construção ou de algum lugar do município onde você vive que apresenta características do passado.

**6** Relacione cada foto à descrição abaixo.

▲ Extração de açaí em Mocajuba, Pará. Foto de 2020.

▲ Pescador em Mocajuba, Pará. Foto de 2020.

▲ Garimpeiro em Amajari, Roraima. Foto de 2019.

☐ **Extrativismo vegetal**   ☐ **Extrativismo mineral**   ☐ **Extrativismo animal**

**7** No espaço a seguir, escreva o endereço completo da escola onde você estuda. Consulte seu professor se necessário.

_____

**8** Você vai identificar quantos estudantes em sua sala de aula são meninas e quantos são meninos. Para isso, preencha os quadrinhos a seguir com estas informações:

**a.** ☐ Número total de estudantes.

**b.** ☐ Número de meninas entre os estudantes.

**c.** ☐ Número de meninos entre os estudantes.

**9** Observando o entorno da escola onde vocês estudam, identifiquem os seguintes itens:

**a.** O que existe na frente da escola: _____

**b.** O que existe atrás da escola: _____

**c.** O que existe do lado direito da escola: _____

**d.** O que existe do lado esquerdo da escola: _____

**10** Como vocês aprenderam ao longo deste ano, alguns objetos podem nos ajudar a conhecer a história de um lugar ou de um grupo de pessoas. Quais objetos de sua sala de aula ou da escola vocês escolheriam preservar para que os pesquisadores do futuro pudessem conhecer a história de vocês? Por quê?

# BIBLIOGRAFIA COMENTADA

Aranha, Maria Lúcia de Arruda. *História da educação e da pedagogia*. São Paulo: Moderna, 1996.
O livro propõe práticas que priorizam as diferentes realidades e contextos escolares durante o processo de aprendizagem, considerando o contexto histórico algo primordial para a aprendizagem.

Ariès, Philippe. *História social da criança e da família*. Rio de Janeiro: LTC, 1981.
Nesse livro, o medievalista Philippe Ariès analisa transformações sociais e comportamentais relacionadas à família, especialmente no que se refere ao desenvolvimento do conceito de infância como categoria distinta dos adultos.

Bittencourt, Circe. Livros didáticos: entre textos e imagens. *In*: Bittencourt, Circe (org.). *O saber histórico na sala de aula*. São Paulo: Contexto, 1996.
O texto da autora Circe Bittencourt se debruça sobre a importância das imagens e das ilustrações nos livros didáticos tanto no Ensino Fundamental 1 quanto no Ensino Fundamental 2. A proposta da historiadora é compreender como a relação entre imagens e textos escritos pode auxiliar no processo de aprendizagem dos estudantes.

Brasil. [Constituição (1988)]. *Constituição da República Federativa do Brasil de 1988*. Brasília, DF: Presidência da República [2016]. Disponível em: https://www2.senado.leg.br/bdsf/bitstream/handle/id/518231/CF88_Livro_EC91_2016.pdf. Acesso em: 5 abr. 2021.
*Site* com a íntegra do texto da Constituição brasileira, um marco legislativo que estrutura as bases constitucionais no Brasil, aprovada pela Assembleia Nacional Constituinte e promulgada em 1988.

Brasil Ministério da Educação. Secretaria de Educação Básica. *Base nacional comum curricular*: educação é a base. Brasília: MEC/SEB, 2018. Disponível em: http://basenacionalcomum.mec.gov.br/. Acesso em: 5 abr. 2021.
Um dos principais documentos de caráter normativo que regulam a Educação Básica no país, a Base Nacional Comum Curricular (BNCC) define e uniformiza as aprendizagens essenciais que devem ser desenvolvidas por todos os componentes curriculares em todas as escolas do país.

Burke, Peter (org.). *A escrita da história*: novas perspectivas. São Paulo: Ed. da Unesp, 2011.
Organizada por Peter Burke, a obra reúne artigos de historiadoras e historiadores de grande destaque em suas linhas de pesquisa, que apresentam as mais significativas tendências historiográficas da atualidade.

Carlos, Ana Fani Alessandri (org.). *Geografia na sala de aula*. São Paulo: Contexto, 2007.
Esse livro, organizado pela geógrafa Ana Fani Alessandri Carlos, é uma coletânea de artigos de diversos geógrafos sobre práticas escolares para trabalhar a Geografia na sala de aula.

Carvalho, José Sérgio F. *Educação, cidadania e direitos humanos*. São Paulo: Vozes, 2004.
A obra de José Sérgio Carvalho faz uma reflexão sobre a formação de professores à luz dos direitos humanos e sobre as relações na instituição escolar, inclusive sobre os conflitos presentes no cotidiano escolar.

Certeau, Michel de. *A escrita da história*. 3. ed. Rio de Janeiro: Forense Universitária, 2011.
Nesse livro, Michel Certeau propõe uma reflexão sobre o fazer historiográfico e sobre as diversas abordagens possíveis para a construção do conhecimento histórico.

Cunha, Manuela Carneiro da. *História dos índios no Brasil*: história, direitos e cidadania. São Paulo: Claro Enigma, 2013 (Coleção Agenda Brasileira).
A obra apresenta um panorama sobre os direitos dos indígenas brasileiros e a forma como sua cidadania foi construída ao longo dos anos.

Instituto Brasileiro de Geografia e Estatística (IBGE). *Meu 1º atlas*. 4. ed. Rio de Janeiro: IBGE, 2012.
Esse atlas do IBGE é destinado ao Ensino Fundamental I e apresenta atividades e práticas que auxiliam os estudantes a desenvolver o raciocínio geográfico e as noções de lateralidade e cartografia.

Luckesi, Cipriano. *Avaliação da aprendizagem escolar*. São Paulo: Cortez, 1995.
Nesse livro, o autor defende a perspectiva das avaliações diagnósticas, ou seja, que as práticas de avaliação escolar devem ser pautadas no diagnóstico do aprendizado dos estudantes, e não em sua classificação.

Oliveira, Lívia de. *Percepção do meio ambiente e geografia*: estudos humanistas do espaço, da paisagem e do lugar. São Paulo: Cultura Acadêmica, 2017.
Nessa obra, a geógrafa Lívia de Oliveira traça um paralelo entre a Geografia e a vida cotidiana, evidenciando como os conceitos geográficos permeiam o dia a dia de todos.

Piaget, Jean; Inhelder, Barbel. *A representação do espaço na criança*. Porto Alegre: Artmed, 1993.
Nesse livro, os autores discutem como a representação do espaço se desenvolve na criança, à luz de conceitos desenvolvidos pela teoria de Piaget.

Tufano, Douglas. *Dicionário infantil ilustrado*. São Paulo: Moderna, 2011.
Dicionário voltado ao público infantil do Ensino Fundamental I com o objetivo de auxiliar os estudantes a ampliar seu vocabulário.